Tommaso Campanella

Sonnenstaat: Idee eines philosophischen Gemeinwesens

e-artnow 2018

Platon
Nomoi - Die Suche nach der bestmöglichen Staatsverfassung

Friedrich Engels
Dialektik der Natur

Platon, Marcus Tullius Cicero
Philosophie und Politik: Staatstheorien von Platon, Cicero, Machiavelli und Thomas Morus: Der Staat - Politeia + Vom Staat … - Über den besten Zustand des Staates

Baruch de Spinoza
Theologisch-politische Abhandlung (Tractatus theologico-politicus)Kritik an der religiösen Intoleranz und ein Plädoyer für eine säkularisierte Gesellschaftsordnung

Friedrich Engels
Über historischen MaterialismusDie Entwicklung des Sozialismus von der Utopie zur Wissenschaft

Carl von Clausewitz
Vom Kriege

Friedrich Engels
Umrisse zu einer Kritik der Nationalökonomie

Marcus Tullius Cicero
Vom Staat

Platon
Der Staat - Politeia

Karl Marx
Das KapitalBand 1-3 (Mit einem detaillierten und dynamischen Inhaltsver-
zeichnis versehen)

Tommaso Campanella

Sonnenstaat: Idee eines philosophischen Gemeinwesens

Ein poetischer Dialog

Übersetzer: *Ignaz Emanuel Wessely*

e-artnow, 2018
Kontakt info@e-artnow.org

ISBN 978-80-273-1265-8

Ein poetischer Dialog
(La Città del Sole. Dialogo di Repubblica nel quale si dimostra l'idea di riforma della Repubblica cristiana conforme alla promessa da Dio fatta alle Sante Caterina et Brigida)
Personen des Gesprächs:

Der Großmeister der Hospitaliter.
Ein genuesischer Schiffskommandant, sein Gast.

DER GROSSMEISTER. Wohlan, ich bitte dich, erzähle mir, was dir während deiner letzten Seefahrt Alles widerfahren ist?

DER GENUESE. Ich habe dir schon auseinandergesetzt, in welcher Weise ich meine Weltumsegelung ausgeführt habe und endlich nach Taprobana gekommen und gezwungen worden bin zu landen, dann, aus Furcht vor den Einwohnern mich in einem Walde verborgen habe, den ich nach einiger Zeit wieder verließ, um mich in einer großen Ebene direkt unter dem Aequator zu befinden.

DER GROSSMEISTER. Und was ist dir da widerfahren?

DER GENUESE. Ich gerieth in einen Haufen bewaffneter Männer und Weiber, deren Viele unsere Sprache kannten. Sie führten mich geraden Wegs nach der Sonnenstadt.

DER GROSSMEISTER. Laß hören, wie dieses Staatswesen konstruirt ist und wie es regiert wird.

DER GENUESE. In einer weitgestreckten Ebene erhebt sich ein mächtiger Hügel, auf dem der größte Theil der Stadt staffelförmig angelegt ist. Die vielfachen Umkreise der Stadt erstrecken sich eine lange Strecke über den Fuß des Berges hinaus, so daß der Durchmesser der Stadt zwei, ihr Umfang aber über sieben Meilen beträgt. In Folge ihrer hügeligen Lage nimmt sie mehr Raum ein, als wenn sie in der Ebene läge.

Sie ist in sieben große Kreise eingetheilt, die nach den sieben Planeten benannt sind. Aus einem in den andern gelangt man auf vier Wegen und durch vier Thore, die nach den vier Weltgegenden gerichtet sind. Diese Stadt ist so gebaut, daß, wenn Jemand den ersten Kreis erobert hätte, er die doppelte Anstrengung daranwenden müßte, um den zweiten zu erobern, und noch größere, um den dritten in die Hand zu bekommen, und so hätte er immerfort gesteigerte Bemühungen und Anstrengungen aufzubieten, so daß die Stadt siebenmal von ihm erobert werden müßte. Ich bin aber der Ansicht, daß nicht einmal der erste Kreis eingenommen werden könnte, mit so breiten Erdwällen ist er eingefaßt und mit Bollwerken aller Art befestigt und bewehrt, wie Thürmen, Gräben, Bombarden.

Als ich nun durch das nördliche Thor eingetreten war, das mit Eisen überzogen und so gearbeitet ist, daß es in die Höhe gezogen und herabgelassen werden kann, und sich mit Leichtigkeit und völliger Sicherheit schließen läßt, indem seine Angeln sich höchst kunstvoll in den Rinnen starker Balken bewegen, erblickte ich einen ebenen Zwischenraum von siebzig Schritt, der die erste Mauer von der zweiten trennt. Dann sieht man großartige Paläste, die alle an die Mauern des zweiten Kreises angebaut sind, so daß man sie sämmtlich für einen einzigen Gebäudekomplex halten könnte. In halber Höhe der Paläste sieht man den ganzen Kreis entlang fortgeführte Schwibbogen mit Spazierdächern auf denselben, von schönen, unten breit auslaufenden Säulen getragen, die wie Peristyle oder Klosterräume eine Säulenhalle umsäumen.

Unten sind nur Eingänge in den konkaven Partien der Mauern; in die unten belegenen Zimmer gelangt man ebenerdig und in die oberen Stockwerke auf Marmortreppen, die zu Spazierdächern im Innern führen, von denen man wieder in die oberen prächtigen Stockwerke gelangt. Diese empfangen Licht durch zierlich gestaltete Fenster, die sich im konkaven und im konvexen Theile der Wände befinden.

Die konvexe, d.i. die sich ausbauchende oder vorspringende Mauer, hat eine Dicke von 8 Spannen, die konkave auf der Innenseite von nur drei Spannen, die Zwischenmauer nur von einer Spanne oder vielleicht noch einer halben.

Wenn man über die erste Ebene hinüber ist, gelangt man auf die zweite, die etwa um drei Schritte schmäler ist. Von hier aus erblickt man die erste Mauer des zweiten Kreises, mit ähnlichen Wandelgängen oben und unten geschmückt, und mehr nach rückwärts ist eine zweite Mauer, welche die dort befindlichen Paläste umfängt, und unten befinden sich von Säulen getragene Erker und Peristyle, oben aber, wo die Ausgänge der höher gelegenen Häuser sind, sind ausgezeichnete Gemälde angebracht.

So geht man durch ähnliche Kreisrundgänge und doppelte Mauern, die Paläste zwischen sich einschließen und mit Wandeldächern nach außen geschmückt sind, die von Säulen gestützt werden, und gelangt zum obersten Rundgang, immerfort auf gerader Fläche. Nur wenn man durch die Thore der einwärts und der auswärts gebogenen Mauer schreitet, steigt man über Stufen, was man aber kaum gewahr wird, da sie sehr schräg angehen und die Steigung der einzelnen Stufen kaum merkbar ist.

Am Gipfel des Berges aber ist eine geräumige Ebene, in deren Mitte ein Tempel errichtet ist, der sich als ein wunderbarer Kunstbau erhebt.

DER GROSSMEISTER. Fahre fort, fahre fort, ich beschwöre dich.

DER GENUESE. Der Tempel ist von vollkommen runder Gestalt und nicht von Mauern umgeben, sondern schwebt auf starken, zierlich gearbeiteten Säulen. Die größere Kuppel in der Mitte des Daches, gleichsam der Pol des Tempels, ist von einer kleineren überhöht, die im Mittelpunkt ein Guckloch hat, durch welches man direkt auf den Altar herabsieht, der sich in der Mitte des Tempels befindet, dessen Peripherie dreihundertfünfzig Schritt übersteigt. Auf der Außenseite der Säulenkapitäle und auf diese gestützt, erheben sich etwa acht Schritt vorragende Schwibbogen, die von unten auf einer dicken, drei Schritt hohen Mauer basiren, so daß die Säulen des Tempels und jene, welche den äußeren Schwibbogen tragen, mit ihren Zwischenräumen eine niedere Galerie bilden, die ein prächtiges Pflaster hat. Die Innenseite der niedrigen Mauer ist von zahlreichen Thüren unterbrochen, und hier und da erblickt man unbewegliche Sitze, wenn gleich auch zahlreiche zierliche, tragbare Stühle zwischen den inneren Säulen des Tempels selbst vorhanden sind.

Ueber dem Altar sind nur zwei Globen zu sehen, weiter nichts; auf dem größeren derselben ist der gesammte Himmel abgebildet, auf dem zweiten die ganze Erde. In der größeren Kuppel sind die Sterne von der ersten bis zur sechsten Größe abgebildet und mit ihren speziellen Namen verzeichnet, auch ist ihr Einfluß auf die irdischen Dinge je in drei Versen geschildert. Darauf sind auch die Pole und die größeren und kleineren Himmelskreise in perspektivischer Zeichnung, doch nicht fertig ausgeführt, da die Mauer nach untenzu abbricht, der Globus also, wie die Kuppel, nur eine Halbkugel ist. Man kann sich durch Betrachtung dieser Globen wissenschaftlich belehren. Der Estrich schimmert von kostbaren Steinen. Sieben goldene Lampen hängen von der Decke herab und brennen beständig. Sie führen die Namen der sieben Planeten.

Die kleinere Kuppel des Daches umgeben zierliche kleine Zellen und hinter jener Terrasse oder Plattform über den Schwibbogen der inneren und äußeren Säulen befinden sich viele große und schmucke Zellen, worin die Priester und Mönche wohnen, neunundvierzig an der Zahl.

Ueber der kleinen Kuppel ragt eine nach allen Seiten bewegliche Fahne empor, welche die Winde anzeigt, deren man bis zu sechsunddreißig unterscheidet. Sie kennen die einzelnen Winde, die im Jahre herrschen und was für Wetterwechsel zu Lande und zur See stattfinden, aber nur in ihrem Himmelsstriche. Unter der Fahne wird ein Buch aufbewahrt, worin diese meteorologischen Angaben mit goldenen Buchstaben verzeichnet sind.

DER GROSSMEISTER. Ich bitte dich, edler Held, setze mir die Verfassung und Regierung dieses Volkes auseinander. Ich habe mit Ungeduld gewartet, bis du zu diesem Punkte kommen würdest.

DER GENUESE. Der oberste Fürst bei ihnen ist ein Priester, den sie in ihrer Sprache Sol (Sonne) nennen; wir würden ihn in unserer Sprache Metaphysikus nennen, Er ist der höchste Machthaber in geistlichen und weltlichen Dingen; alle Angelegenheiten und Streitigkeiten werden durch sein Urtheil entschieden.

Ihm stehen drei andere Häupter gleichberechtigt zur Seite: Pon, Sin und Mor, in unserer Sprache, Macht, Weisheit und Liebe.

Dem »Macht« liegen die Interessen des Krieges und Friedens ob, so alle militärischen Angelegenheiten; darin ist er unbedingter Herr, doch nicht über dem Sol. Er hat die Oberaussicht über die militärischen Behörden, über das Heer, über die Kriegsvorräthe, die Befestigungen, die Belagerungen, die Kriegsmaschinen und über alle dahin einschlägigen Dinge.

Dem »Weisheit« unterstehen die freien und die mechanischen Künste und die Wissenschaften, die betreffenden Behörden und die Unterrichtsanstalten. Es gibt einen Beamten, der Astrolog heißt, desgleichen einen Kosmographen, einen Geometer, einen Historiographen, einen Dichter, Logiker, Rhetor, Grammatiker, Arzt, Physiker, Politiker, Moralisten.

Sie haben nur ein einziges Buch, das sie »Weisheit« nennen, ein Compendium aller Wissenschaften, die mit wunderbarer Leichtigkeit zusammengefaßt sind. Dieses lesen sie dem Volke nach der Weise der Pythagoräer vor.

»Weisheit« hat die Mauern der ganzen Stadt von außen und von innen, sowohl oben wie unten mit ausgezeichneten Gemälden schmücken lassen, welche in herrlicher Anordnung die Wissenschaften darstellen. Auf den äußern Wänden des Tempels und auf den Vorhängen, die herabgelassen werden, wenn der Priester predigt, damit der Schall seiner Stimme nicht zerstreut wird, sind die gemalten Sterne zu erblicken, und in drei Verschen sind ihre Größe, ihr Lauf, ihre Bahnen und ihre geheimen Kräfte geschildert.

Auf der Innenseite der Mauer des ersten Kreises sind alle mathematischen Zeichen und Zahlen abgebildet, in bei weitem größerer Anzahl als Archimedes und Euklid deren entdeckt haben; sie sind in einem bestimmten Größenverhältniß zur Mauer angebracht und ein erklärendes Verschen ist beigegeben, das eine Definition enthält.

Auf der convexen Außenseite dieser Mauer befindet sich eine Beschreibung der ganzen Erde. Darauf folgen Speziallandkarten der einzelnen Provinzen, worauf die Sitten und Gebräuche, die Gesetze, der Ursprung und die Streitkräfte jedes Volkes in einem kurzen Prosa-Auszug angegeben sind und die verschiedenen Alphabete der Völker stehen über dem Alphabet des Sonnenstaates.

Auf der Innenseite der Mauer des zweiten Kreises sind mit Hilfe der Malerei alle möglichen Steine abgebildet, sowohl Edelsteine als gewöhnliches Gestein und alle Arten von Mineralien, sowie die Metalle, woneben ein wirkliches Stück von jedem Naturerzeugniß angebracht ist, dazu eine Erklärung in zwei Versen.

Auf der Außenseite der Mauer dieses Kreises sind sämmtliche Meere, Flüsse, Landseen und Quellen der Welt verzeichnet, auch Weine und Oele, sowie, andere Flüssigkeiten mit Angabe ihres Herkommens und ihrer Eigenschaften. Flaschen, die Flüssigkeiten zur Heilung der verschiedenen Krankheiten enthalten, sind in die Mauer eingelassenen Nischen aufgestellt und werden so seit hundert Jahren, bis zurück zu dreihundert Jahren aufbewahrt. Hagel, Schnee, Donnerwetter und andere Luftphänomene sind gleicherweise durch Gemälde und kurze Verse erläutert.

Auf der Innenseite der dritten Kreismauer sind alle Arten Bäume und Pflanzen abgebildet und einige lebendige Exemplare derselben sind in Vasen auf die Schwibbogen der äußeren Mauer gestellt. Eine Inschrift besagt, wo ihre ursprüngliche Heimat ist und gibt ihre Kräfte und Eigenschaften an, ihre Beziehungen zu den Metallen, zu den Gestirnen und den menschlichen Körpertheilen, sowie zu den Produkten des Meeres, auch ihren Gebrauch in der Heilkunde u.s.w.

Auf der Außenseite finden sich alle Fluß-, See- und Meerfischgattungen, ihre Lebensweise und -Gewohnheiten, sowie ihre Fortpflanzungsverhältnisse, ihre Aufzucht, ihr Nutzen für das Weltall, insbesondere aber für uns. Zugleich auch die Aehnlichkeit, die sie mit andern irdischen und himmlischen Dingen haben, die entweder auf natürlichem Wege oder durch Kunst hervorgebracht sind. Auch war ich nicht wenig erstaunt, Fische »Bischof, Kette, Panzer, Nagel, Stern, Penis« benannt und die frappante Aehnlichkeit zu sehen, die sie mit bei uns sich vorfindenden Naturobjekten haben, von denen sie eben ihren Namen führen. Da gewahrt man Igel,

Muscheln, Austern u.s.w. Kurz, Alles, was die Wasserwelt Wissenswerthes einschließt, ist in einem vortrefflichen Gemälde dargestellt und textlich erläutert.

Auf der Innenwand des vierten Mauerkreises sind sämmtliche Vogelgeschlechter gemalt zu erblicken. Von allen ist Größe, Farbe, Lebensweise und sonstige Eigenschaften angegeben. Der Phönix ist wie ein wirklich existirendes Wesen auch vorhanden.

Auf der Außenseite dieser Mauer sind die Reptilien vertreten, wie Würmer, Schlangen, Drachen; auch die Insekten, wie Fliegen, Bremsen, Käfer u.s.w., mit ihren Lebensgewohnheiten, guten und schlechten Eigenschaften. Solches Gethier ist bei weitem zahlreicher, als man glauben möchte.

Auf der Innenseite der fünften Kreismauer sind die höchstentwickelten Landthiere in einer Anzahl dargestellt, daß du darüber wohl erstaunen würdest. Wir kennen nicht den tausendsten Theil davon. Da ihre Zahl gar zu groß ist und sie in riesigen Dimensionen gehalten sind, so bedecken sie auch noch die Außenfläche der Mauer. Von wie vielerlei könnte ich da reden – ich erwähne nur die eine Gattung: die Pferde, die da abgebildet sind und mit welcher Geschicklichkeit!

Auf der Innenseite der Mauer des sechsten Kreises ist alles die mechanischen Künste Betreffende gemalt und die zu ihrer Ausübung benöthigten Werkzeuge. Eine Inschrift besagt, wie diese von den verschiedenen Völkern gehandhabt werden. Diese Werkzeuge sind nach ihrer Wichtigkeit geordnet und die Namen ihrer Erfinder sind angegeben.

Die Außenseite dieser Umwallungsmauer ist mit den Bildnissen aller Männer geschmückt, die sich entweder durch Entdeckungen in den Wissenschaften oder durch Erfindungen im Waffenfache ausgezeichnet haben, sowie mit den Porträten der Gesetzgeber. Ich habe daselbst Moses, Osiris, Jupiter, Merkur, Lykurg, Pompilius, Pythagoras, Zamolxis, Solon und viele Andere gesehen. Selbst Mahomed befindet sich darunter, obwohl sie ihn für einen Betrüger und schlechten Gesetzgeber halten. An hervorragendster Stelle sah ich das Bild Jesu Christi und die Bildnisse der zwölf Apostel, die sie hoch und tief verehren.

Ich sah Cäsar, Alexander, Pyrrhus und Hannibal und andere im Kriege und in den Künsten des Friedens ruhmreiche Heroen, insbesondere Römer, die in den unten belegenen Säulenhallen abgebildet waren.

Und als ich verwundert fragte, woher sie unsere Geschichte kennten, da sagten sie, daß ihnen alle Sprachen bekannt wären, und daß sie absichtlich Kundschafter und Gesandte über den ganzen Erdkreis aussendeten, welche sich über Sitten und Gebräuche, Land und Leute, Regierungsformen und die Geschichte der Völker zu unterrichten hätten und was allerwärts Gutes und Schlechtes sich zutrage. Von alledem statten diese Abgesandten zu Hause Bericht ab und da zieht man Vortheil daraus. – Dort war es, wo ich erfahren habe, daß die Bombarden und der Buchdruck von den Chinesen lange vor unserer Zeit erfunden worden sind.

Eigene Lehrer erklären diese Gemälde und die Knaben erlernen *ohne Mühe und fast spielend* alle Wissenschaften auf rein geschichtlichem Wege noch vor ihrem zehnten Jahre.

Dem »Liebe« liegt vor allem die Sorge für das Zeugungsgeschäft ob, d.h. er hat dafür zu sorgen, daß Männer und Weiber in der Weise ehelich verbunden werden, daß die beste Nachkommenschaft daraus hervorgehe. Aber die Sonnenstaatler machen sich über uns lustig, daß wir uns sorgfältig auf die Rassenverbesserung der Hunde und Pferde verlegen, dagegen unser eigenes menschliches Geschlecht vernachlässigen. Seiner Herrschaft ist auch die Aufziehung der Neugebornen unterstellt. Die Heilkunde, sowie die Arzneibereitungskunst, ferner die Aussaat und Ernte, die Obstlese, sowie der gesammte Ackerbau und die Viehzucht. Sodann die Besorgung des Eßtisches und der Speisen, überhaupt Alles, was sich auf die Ernährung, auf die Kleidung und den geschlechtlichen Akt bezieht und ihm sind die obrigkeitlichen Personen alle unterthan, die über die betreffenden Verrichtungen gesetzt sind.

Der Metaphysikus handelt im Einvernehmen mit diesen drei Herrschern und ohne, ihn geschieht nichts, so daß alle Staatsangelegenheiten von diesen Vier vereint geordnet werden. Was der Metaphysikus Willens ist, dem stimmen die Anderen von selbst bei.

DER GROSSMEISTER. Aber erzähle mir, Freund, Näheres über die Obrigkeiten, die Aemter, ihre Funktionen, über die Erziehung und Lebensweise, und ob die Staatsform eine republikanische, monarchische oder aristokratische ist?

DER GENUESE. Dieser Menschenschlag stammt aus Indien, von wannen er vor der Unmenschlichkeit der Magier, Briganten und Tyrannen, die die Landstriche verheeren und veröden, geflohen war. Hier haben sie nun eine philosophische, gemeinschaftliche Lebensführung einzuhalten beschlossen.

Obwohl Weibergemeinschaft bei den andern Einwohnern des Landes nicht existirt, ist sie doch bei ihnen Brauch wie das werde ich sofort auseinandersetzen. Alles ist Gemeingut; die Zutheilung aber ist Sache der obrigkeitlichen Behörden. Die Wissenschaft jedoch, die Ehrenstellen und die Lebensgenüsse sind in der Art gemeinschaftlich, daß Keiner sich vor den Andern etwas aneignen kann. Sie behaupten, daß die Idee des Eigenthums bei uns nur dadurch habe aufkommen und sich befestigen können, weil wir individuelle Heimstätten und eigene Kinder und Gattinnen haben. Daraus entspringt die Selbstsucht, die bewirkt, daß wir, um einen Sohn zu Reichthum und Würden emporzubringen und als unsern Erben vieler Güter zu hinterlassen, zu Räubern am öffentlichen Gute werden, wenn Einer reich und mächtig durch sein Geschlecht, sich der Furcht entschlägt; dessen Kräfte aber gering sind, und der von unansehnlicher Herkunft ist, der wird geizig, hinterlistig, ein Heuchler. Wenn sich aber die Selbstsucht, zwecklos geworden, (da es kein Eigenthum gibt) verliert, so bleibt nur die Liebe zum Gemeinwesen zurück.

DER GROSSMEISTER. Aber unter so bewandten Umständen würde Niemand arbeiten wollen, indem sich Jeder auf die Arbeit des Andern, auf daß sie ihn ernähre, verließe, wie das Aristoteles schon dem Plato eingewendet hat.

DER GENUESE. Ich verstehe mich schlecht darauf, eine Disputation zu führen, aber ich kann dir sagen, daß ihre Vaterlandsliebe so warm und feurig ist, daß du sie dir kaum vorstellen kannst. Sehen wir denn nicht, daß die Geschichtsbücher erzählen, wie, je mehr sich die Römer ganz nur dem Vaterlande weihten, sie um so mehr ihr persönliches Eigenthum von sich warfen? Und ich glaube auch, daß, wenn unsere Fratres, Mönche und Geistlichen von weniger Liebe zu ihren Verwandten und Freunden beherrscht würden, als sie es sind, oder von weniger Ehrgeiz verzehrt würden, zu immer höheren Würden emporzusteigen, sie bei weitem heiligeren Sinnes wären, weniger am Eigenthum hingen und mehr Liebe zur Gesammtheit athmeten.

DER GROSSMEISTER. Das scheint der heilige Augustin gesagt zu haben. Die Freundschaft gilt bei Jenen also nichts, da sie nichts besitzen, womit sie sich gegenseitig Liebesdienste erweisen können?

DER GENUESE. O doch, gar sehr! Und es verlohnt sich wahrhaftig zu sehen, wie, obwohl Keiner vom Andern Geschenke erhalten kann – denn was sie bedürfen, erhalten sie Alles vom Gemeinwesen, und die Obrigkeit sorgt streng dafür, daß Keiner über Gebühr empfange, aber auch keinem irgend etwas Benöthigtes verweigert werde – wie die Freundschaft unter ihnen sich im Kriege zu erkennen gibt, bei Krankheiten oder durch Unterstützung und Belehrung beim Studium der Wissenschaften, manchmal auch durch Lobspendung, Dienstleistungen, oder indem einer von seinem Bedarfe dem Andern gibt.

Die Gleichalterigen nennen sich unter einander Alle Brüder; die über zweiundzwanzig Jahre alt sind, werden von den Jüngeren Väter genannt, die Jüngeren heißen Söhne, und die Obrigkeit wacht wohl darüber, daß Keiner einem Bruder-Genossen ein Unrecht anthue.

DER GROSSMEISTER. Und wie das?

DER GENUESE. Es gibt bei ihnen so viel Obrigkeiten als bei uns Namen von Tugenden: Großmuth, Tapferkeit, Keuschheit und Freigebigkeit; Straf- und Civil-Gerichtsbarkeit, Gewissenhaftigkeit, Wahrheit, Wohlthätigkeit, Dankbarkeit, Heiterkeit, Thätigkeit, Nüchternheit u.s.w. Und zu diesen Aemtern werden sie erwählt, je nachdem sie bereits als Kinder in der Schule den größten Hang zu dieser oder jener Tugend verrathen haben.

Da sie nun weder Diebstahl, noch Meuchelmord, noch Schändung, noch Blutschande, noch Ehebruch, noch andere Schandthaten kennen, deren wir uns gegenseitig anklagen, so können sie sich nur der Undankbarkeit, der Böswilligkeit (wenn Einer dem Andern eine Schuldige Genugthuung verweigert), der Faulheit, der Traurigkeit, des Jähzorns, der Frivolität, der Verleumdung und der Lüge, die sie mehr als die Pest verabscheuen, beschuldigen.

Zur Strafe werden die Schuldigen von der gemeinschaftlichen Mahlzeit oder vom Umgang mit den Frauen und von andern Ehren ausgeschlossen, auf eine Zeitdauer, die der Dichter als eine dem Vergehen adäquate Strafe erachtet.

DER GROSSMEISTER. Gib von dem Wahlmodus Kunde, nach welchem die Obrigkeiten gewählt werden.

DER GENUESE. Diesen kannst du nicht verstehen, wenn ich dich nicht vorher mit ihrer Lebensweise bekannt gemacht habe.

Vorerst also mußt du wissen, daß die Kleidung der Männer und Frauen fast die gleiche und eine für den Krieg passende ist, nur daß die Toga der Frauen über das Knie geht, die der Männer nicht bis zum Knie reicht.

Alle ohne Unterschied werden in sämmtlichen Künsten unterrichtet. Nach Ablauf des ersten und noch vor Beginn ihres dritten Jahres fangen sie an das Alphabet auf den Wänden und die Sprache zu erlernen, indem sie dabei auf- und abwandeln; die Kinder sind in vier Schaaren abgetheilt und vier Greise führen diese und ertheilen ihnen den Unterricht.

Nach einiger Zeit wird die Jugend im Turnen, Wettlaufen, im Wurfscheibenspiel und in anderen Spielen eingeübt, wodurch alle Glieder gleichmäßig gekräftigt werden. Haupt und Füße sind bis zum siebenten Jahre immer nackt. Man führt Alle miteinander in die verschiedenen Werkstätten, zum Schuster, zum Schneider, zum Schmiede, zum Tischler, in die Malerateliers, in die Küchen u.s.w. Damit sich die Talente auf diese Weise für ein Fach entscheiden.

Nach dem siebenten Jahre, wenn sie in der Mathematik die ersten Kenntnisse erworben haben, werden sie mittelst der Abbildungen auf den Mauern in allen Naturwissenschaften unterrichtet. Für die vier Abtheilungen gibt es vier Lehrer und so werden sie in vier Stunden alle vier vorgenommen; denn während die Einen körperliche Uebungen machen, die Andern im Dienste des Gemeinwesens thätig sind, treiben wieder Andere geistige Arbeit. Diesen reihen sich höhere Mathematik, Medizin und die anderen Wissenschaften an. Beständige Disputirübungen und wissenschaftliche Streitfragen werden unterhalten und Diejenigen, die sich in einer Wissenschaft oder in einer mechanischen Fertigkeit besonders auszeichnen, werden zu Obrigkeiten ernannt und Jedermann betrachtet sie als Vorbilder und Richter.

Ackerbau und Viehzucht werden aus unmittelbar praktischer Anschauung erlernt, die Solarier halten Jemand für einen um so vorzüglicheren und edleren Menschen, je mehr Handwerke er erlernt hat und verständig auszuüben versteht.

Darum verspotten sie uns deswegen, weil wir die Handwerke etwas Niedriges und gerade Diejenigen edelgesinnt nennen, die kein Handwerk erlernt haben, sondern im Müssiggange leben und eine Menge von Sklaven halten, die dem Müssiggange und den Lüsten der Herren zu dienen bestimmt sind; wie aus einer Schule des Lasters gehen daraus ganze Schaaren verkommener Subjekte und Uebelthäter zum Verderben des Staates hervor.

Die anderen Obrigkeiten werden von den vier Obersten gewählt; nämlich dem Metaphysikus, Pon, Sin und Mor und von den Lehrern jener Kunstfertigkeit, der sie vorzustehen haben, denn diese müssen besser als jeder Andere wissen, ob der Betreffende geeignet ist, Unterricht in einem Handwerk oder in irgend einer Tugend zu ertheilen, wofür ein Lehrmeister aufzustellen ist.

Sie treten nicht selbst nach Art der Kandidaten auf, sondern werden im Rathe von den obrigkeitlichen Personen in Vorschlag gebracht und wer etwas für oder gegen die Wahl geltend zu machen hat, der erhält das Wort.

Doch kann Niemand zur Würde des Metaphysikus gelangen, der nicht gründlich die Geschichte aller Völker, die Religions- und Opfergebräuche und die Gesetze sowohl der Republiken als der Monarchien kennt. Desgleichen muß er die Namen der Urheber der Gesetze und der Erfinder der Künste und Gewerbe kennen, die Ursache und die Geschichte Alles Dessen, was am Himmel und auf Erden vorgeht. Nicht minder muß er alle Handwerke kennen (denn in zwei Tagen ist er eins zu erlernen im Stande, wenn er es auch zu keiner Fertigkeit darin gebracht haben kann, doch wird ihm diese durch praktische Uebungen und die Mauergemälde sehr erleichtert), desgleichen muß er die Wissenschaften der Physik, Mathematik und Astronomie kennen.

Nicht so streng wird auf Sprachkenntnisse gesehen, denn es gibt viele Dolmetscher, die in ihrem Staate Grammatiker heißen.

Vor Allem aber muß der Aspirant in der Metaphysik und Theologie beschlagen sein; er muß durch und durch Ursprung, Grundlagen und Beweise aller Wissenschaften kennen, die Aehnlichkeiten und Verschiedenheiten der Dinge, die Nothwendigkeit, das Schicksal und die Harmonie der Welt; die Macht, Weisheit und Liebe in den Werken Gottes; die Stufenfolge der Wesen und ihre Zusammenhänge mit den Dingen am Himmel, auf Erden und zu Wasser und mit den Idealen Gottes, soweit menschlicher Verstand sie zu begreifen vermag. Sie müssen auch die Propheten und Astrologie studirt haben.

Wer von ihnen Metaphysikus werden wird, wissen die Einwohner lange Zeit vorher, aber Keiner kann zu dieser Würde gelangen, bevor er das fünfunddreißigste Jahr erreicht hat. Dieses Amt ist lebenslänglich, wofern sich nicht ein Anderer findet, der weiser und zum Regieren geeigneter ist.

DER GROSSMEISTER. Aber wer kann so viel wissen? Mich dünkt, ein Mensch der soviel gelernt hat, dürfte zum Regieren wenig tauglich sein.

DER GENUESE. Das habe ich ihnen auch schon entgegengehalten. Und sie antworteten: Das kann unserem Metaphysikus nicht widerfahren. Denn um so viele Wissenschaften und Künste zu erlernen, muß einer ein umfassender, allseitig befähigter Geist sein, daher insbesondere auch zum Regieren geeignet. Es entzieht sich keineswegs unserer Kenntniß, daß Derjenige, der nur *eine* Wissenschaft erlernt hat, weder in dieser gründlich Bescheid weiß, noch in den andern, und daß derjenige, der nur eine einzelne Wissenschaft sich anzueignen im Stande ist, die blos aus Büchern geschöpft ist, ungebildet und trägen Geistes ist.

Das Gegentheil ist freilich bei schlagfertigen, in allen Wissenschaften bewanderten Geistern der Fall, die eine natürliche Anlage besitzen, das Wesen der Dinge zu erfassen, wie unser Metaphysikus einer sein muß.

Ueberdieß werden die Wissenschaften in unserem Staate mit solcher Leichtigkeit erlernt, daß die Schüler bei uns in einem Jahre mehr Kenntnisse erwerben, als bei euch in zehn oder auch in fünfzehn Jahren. Mache doch die Probe mit diesen Knaben selbst.

War ich nun schon über diese wahrheitsgetreuen Mittheilungen erstaunt, so war ich es noch bei weitem mehr, als ich einen Versuch mit ihren Knaben anstellte, die meine Muttersprache sehr gut sprachen. Drei nämlich mußten diese lernen, drei andere die arabische, wieder drei andere die polnische und so weiter fort immer je drei Knaben eine der anderen Sprachen. Weder Ruhe noch Rast wird ihnen gelassen, außer eine solche, durch welche sie ebenfalls in ihrem Wissen und Können Nutzen selbst wieder haben. Denn zur Erholung geht es aufs Feld hinaus, wo sie sich im Wettlaufen, im Pfeilschießen, im Wurfspießschleudern und im Hakenbüchsenschießen üben; sie jagen das Wild, botanisiren und sammeln Mineralien u.s.w., lernen den Ackerbau und die Viehzucht und zwar jetzt dieser Trupps, ein andermal ein anderer.

Die drei Hauptwürdenträger, die dem Sol (Sonne) Metaphysikus zur Seite stehen, brauchen nur die zu ihrem Regierungsfache gehörigen Künste und Handwerke ganz gründlich zu kennen, von den andern, Allen gemeinsamen, brauchen sie bloß allgemeine theoretische Kenntnisse zu besitzen, in den ausschließlich ihren Bereich bildenden dagegen sind sie aufs Minutiöseste bewandert. »Macht« z.B. beherrscht alles auf die Reitkunst Bezügliche, das Heereskommando, die Lagerkunst, die gesammte Waffenfabrikation und Kriegsmaschinenerzeugung, die Strategie und Taktik, kurz das Militärwesen im weitesten Umfange. Außerdem aber müssen die genannten drei Ober-Magistratspersonen sich Philosophie, Geschichte, Politik und Physik angeeignet haben.

DER GROSSMEISTER. Mache mich, bitte, mit den öffentlichen Amtsthätigkeiten bekannt und verbreite dich näher über die Erziehung.

DER GENUESE. Häuser, Schlafräume, Betten und andere nothwendige Dinge sind Allen gemeinsam. Jedesmal nach sechs Monaten trifft die Obrigkeit eine Bestimmung, welche Personen hier, welche dort zu schlafen haben, was auf dem Querbalken über der Thür angeschrieben ist.

Unterricht in allen mechanischen Künsten, sowie in den spekulativen Wissenschaften, wird Männern und Frauen gleichmäßig zu Theil, mit dem einzigen Unterschiede, daß diejenigen Arbeiten, die mehr Mühe und Kraft oder die Zurücklegung eines Weges erfordern, von den Männern ausgeübt werden, wie z.B. das Pflügen, Säen, Früchtelesen, das Dreschen, die Weinlese. Aber z.B. die Schafe zu melken und Käse zu bereiten ist Sache der Frauen. Auch haben diese die Gemüse- und Obstgärten in der Umgebung der Stadt zu pflegen, das Obst abzulesen und die Küchenkräuter einzusammeln. Auch die Gewerbsthätigkeiten, die im Sitzen oder Stehen ausgeübt werden, gehören ebenfalls in den Bereich der Frauen, wie Weben, Spinnen, Nähen, Haar- und Bartschneiden, die Arzneibereitung und das Kleidermachen.

Ausgeschlossen sind sie von der Tischlerei, der Schmiedekunst und der Waffenfabrikation. Wenn eine zur Malerei Talent verräth, wird sie nicht daran gehindert, es zu bethätigen.

Die Musik ist allein die Domäne der Frauen und manchmal auch der Knaben, weil ihre Stimmen lieblicher klingen, doch ist es nicht Brauch, daß sie Trompete blasen und die Pauke schlagen. Auch bereiten sie das Mahl und decken den Tisch, an welchem Knaben aufwarten und Mädchen, die noch nicht das zwanzigste Jahr erreicht haben.

Jeder Kreis hat seine eigenen Küchen, seine Getreidekammern und seine Vorräthe an Eßwaaren und Getränken. Ein Greis und eine Greisin von ehrbarem Wesen, die der Dienerschaft befehlen, haben über jede Verrichtung zu wachen; beide haben auch die Berechtigung, die Nachlässigen und Ungehorsamen zu züchtigen oder züchtigen zu lassen. Sie notiren, in welcher Dienstleistung sich die einzelnen Knaben und Mädchen vor den andern auszeichnen.

Die gesammte Jugend leistet Allen, die über vierzig Jahre alt sind, Dienste. Der Aufseher und die Aufseherin haben die Jungen Abends einzeln oder zu zweien schlafen zu schicken und Morgens an ihre Obliegenheiten, wie sie die Ordnung trifft. Die jungen Leute bedienen sich gegenseitig selbst, und wehe dem Widerspenstigen!

Es gibt erste und zweite Tische, mit einer Reihe von Stühlen zu beiden Seiten; auf der einen Seite sitzen die Frauen auf der andern die Männer. Man beobachtet Stillschweigen, wie in den Speisesälen der Klöster. Während des Essens liest ein junger Mann auf erhöhtem Sitze mit deutlicher und klangvoller Stimme aus einem Buche vor, wobei die obrigkeitlichen Personen oft die Lektüre unterbrechen, um Bemerkungen über die besonders bemerkenswerthen Stellen einzuschalten.

Es ist gar hübsch anzusehen, wie die schönen jungen Leute in aufgeschürzten Kleidern bei Tische gefällig aufwarten, und es berührt wohlthuend, wie so viele Freunde, Brüder, Söhne, Väter und Mütter sich mit so vieler Ehrbarkeit und Wohlanständigkeit und Liebe behandeln. Jeder erhält seinen Teller, sein Besteck, seine Serviette und seine Speisenportion zugetheilt.

Die Aerzte haben den Köchen anzugeben, was für Speisen an jedem Tage zu bereiten sind, und zwar für die Greise, für die jungen Leute und für die Kranken. Die obrigkeitlichen Personen empfangen größere Portionen von besserer Qualität und geben davon einen gewissen Theil den Kindern ab, die sich am Morgen in ihren Lektionen und im Disputiren ausgezeichnet haben. Diese Gunstbezeugung wird als eine der größten Ehrungen angesehen.

An Festtagen wird bei Tische Gesang angestimmt, aber nur von Wenigen, meist nur einstimmig unter Zither- oder Lyrabegleitung. Da Alle mit demselben Eifer ihre Handreichungen verrichten, so geht Alles glatt und es fehlt nie an etwas. Würdige Greise überwachen die Herstellung der Gerichte und das gesammte Küchenpersonal. – Großer Werth wird auf Reinlichkeit der Betten, der Häuser, der Gefäße, der Kleider, der Werkstätten und Hausfluren gelegt.

Unmittelbar am Leibe tragen die Einwohner ein weißes Hemd und darüber ein Kleid, das zugleich Jacke oder Rock und Hose in Einem ist; es ist faltenlos und von der Brust bis tief zu den Schenkeln seitwärts geschlitzt, desgleichen vom Nabel bis rückwärts zum Gesäße. Dieser, der vordere Schlitz, ist mittels auf der Innenseite angebrachter Knöpfe zu schließen, der seitliche

mittels Schnürbänder; die Beschuhung ist mit den Hosenbeinen verbunden, die bis zu den Knö-
cheln hinabreichen, und besteht aus halb kothurnartigen Schnürstiefeln, unter denen Strümpfe
angezogen werden. Ueber dies Alles wird, wie schon gesagt, eine Toga angelegt. Diese Kleidung
ist von so geschicktem Schnitte, daß sie sich vortrefflich anschmiegt und, wenn die Toga abge-
legt wird, vollkommen untrüglich die Körperformen und ihre Proportionen erkennen läßt.

Sie legen vier verschiedene Anzüge im Jahre an, nämlich einen, wenn die Sonne in das reichen
des Widders, einen andern, wenn sie in das Zeichen des Krebses, wieder einen andern, wenn
sie in das der Wage, und den vierten, wenn sie in das Zeichen des Steinbocks tritt. Der Arzt
bestimmt die Bedingungen, unter denen ein gewisses Kleid getragen werden muß, sowie ob
die Nothwendigkeit es zu tragen, vorliegt. Der Garderobemeister jedes Kreises verabfolgt den
Leuten die Gewänder. Du würdest dich über den Vorrath von Kleidern, gröberen und leichteren,
je nach dem Bedarf der Jahreszeit, wohl wundern. Die Wäsche ist weißes Linnen und wird
jeden Monat mit Lauge oder Seife gewaschen.

Zu ebener Erde und in den Untergeschossen der Häuser sind die Werkstätten, die Küchen,
die Vorrathskammern, Speisesäle und Waschräume, obwohl auch in der Nähe der Pfeiler der
Peristyle gewaschen wird. Das schmutzige Wasser wird durch Kanäle in die Kloaken geleitet.

Auf dem freien Vorplatze der einzelnen Kreise sind Springbrunnen, die das mittels einer sinnreichen Maschinerie aus der Tiefe des Berges heraufgepumpte Wasser in die Luft schleudern.
Neben dem Quellwasser gibt es auch Cisternen, worin das Regenwasser gesammelt wird, das
durch mit Sand gefüllte Kanäle hindurchfiltrirt wird, die mit den Dachrinnen der Häuser in
Verbindung stehen. – Sie baden auch oft, auf Anordnung des Arztes und der Obrigkeit.

Die Handwerke werden unter den Peristylen ausgeübt; die spekulativen Beschäftigungen aber
oben in den Wandelgängen und Erkern, wo sich die Malereien höheren Genres befinden, und
im Tempel wird Theologie gelehrt. In den Vorflurhallen und auf den Mauerzinnen sind Fahnen
angebracht, die die Stunden und die Winde anzeigen.

DER GROSSMEISTER. Nun erzähle mir von der Fortpflanzung des Geschlechts.

DER GENUESE. Kein Mann darf sich mit einem Weibe fleischlich vermischen, bevor sie das
neunzehnte Jahr erreicht hat. Und der Mann darf dem Zeugungsgeschäfte nicht obliegen, wenn
er das einundzwanzigste Jahr noch nicht angetreten hat. Vor dieser Zeit ist Einigen der Beischlaf
gestattet, aber nur mit Unfruchtbaren oder Schwangeren, damit sie nicht auf unnatürlichem
Wege Befriedigung ihrer Leidenschaften suchen. Matronen und ältere Magistratspersonen haben den Liebesdrang grobsinnlicher Naturen in Schranken zu halten, die ihre Wünsche Jenen
insgeheim bekannt geben, die sich ihnen übrigens auch auf den Ringplätzen verrathen. Doch
erbitten die Betreffenden die Erlaubniß vom obersten Magistrate, dem das Zeugungsgeschäft
unterstellt ist, dem Oberarzte, der seinerseits dem Triumvir »Liebe« untersteht.

Diejenigen, welche wegen Sodomie auf der That ertappt werden, erhalten eine Rüge, und
werden zur Strafe dazu verhalten, sich die Schuhe zwei Tage lang um den Hals zu binden, wie
um dadurch anzudeuten, daß sie die natürliche Ordnung verkehrt und die Füße gleichsam auf
den Kopf gestellt haben. Wenn sie aber ruckfällig werden, wird die Strafe verschärft, bis zuletzt
Todesstrafe verhängt wird.

Dagegen werden Diejenigen, die sich des Beischlafes bis zum einundzwanzigsten Jahre enthalten, und noch mehr Diejenigen, die das bis zum siebenundzwanzigsten Jahre thun, durch
Ehrenbezeigungen gefeiert und durch Lieder in öffentlichen Versammlungen besungen.

Bei den gymnastischen Spielen und Uebungen auf der Palästra, dem Ringkampfplatze, sind
Männer und Frauen, nach der Weise der antiken Lacedämonier, völlig nackt, und die Inspektion
haltenden Magistratspersonen erkennen, wer zeugungsfähig, wer impotent ist, welche Männer
und Frauen ihrem Gliederbau nach am besten zusammenpassen.

Der Beischlaf darf nur nachdem sich die Gatten gebadet haben und jede dritte Nacht stattfinden. Große und schöne Frauen werden nur mit großen, wohlgebauten Männern gepaart; die
beleibten Frauen mit mageren Männern; umgekehrt werden schlanke Frauen für starkleibige
Männer aufbewahrt, damit aus der Mischung ihrer Temperamente eine vortrefflich geartete
Rasse hervorgehe.

Abends kommen die Knaben und machen die Betten, dann gehen sie selbst auf das Geheiß des Aufsehers und der Aufseherin zu Bette. Die geschlechtliche Vereinigung findet erst nach geschehener Verdauung statt und nachdem die Eltern zu Gott gebetet haben. In den Schlafzimmern sind schöne Bildsäulen erlauchter Männer angebracht, welche die Frauen betrachten. Den Blick durchs Fenster zum Himmel gerichtet, bitten sie Gott, daß er ihnen herrlichen Nachwuchs verleihe. Sie schlafen in zwei getrennten Kammern, bis zur Stunde ihrer Vereinigung; zur bestimmten Zeit öffnet eine Matrone die beiden Thüren von außen. Diese Stunde bestimmen der Arzt und der Astrolog, welche den Zeitpunkt zu treffen suchen, in welchem Venus und Merkur östlich von der Sonne in einem günstigen Hause stehen, im glückverheißenden Anblick des Jupiter, desgleichen des Saturn und Mars, oder ganz außerhalb der Sphäre eines derselben.

Es wird für schweres Unrecht angesehen, wenn sich die Eltern nicht volle drei Tage vor der feierlichen Stunde in jeder Beziehung unbefleckt und jeder schlechten Handlung enthalten haben, und wenn sie sich nicht mit Gott ausgesöhnt haben.

Die Uebrigen, die entweder zum Vergnügen, oder auf nothwendige ärztliche Verordnung oder als Reizmittel Umgang mit Unfruchtbaren oder mit verworfenen Frauenzimmern pflegen, lassen diese Gebräuche außer Acht.

Die Obrigkeitspersonen oder, die alle Priester sind, und die sich mit Wissenschaft und Weisheit abgebenden Magistratspersonen, dürfen nicht zeugen, wenn sie nicht viel längere Enthaltung beobachtet haben. Denn die viele geistige Spekulation schwächt bei ihnen die Lebensgeister, ihr Gehirn (immer mit Denken beschäftigt) kann nicht mit voller Energie betheiligt sein und daher haben solche Personen oft einen schwächlichen Nachwuchs.

Da wird dann eine weise Vorsorge getroffen und man gibt solchen Männern lebhafte, lebenskräftige, schöne Frauen. Aus entgegengesetzten Gründen jedoch rührigen, thatkräftigen, zum Jähzorn geneigten Männern fette, phlegmatische Frauen.

Die Solarier glauben, daß eine vortreffliche Körperanlage aus der die Tugenden sprießen, nicht hinterher durch künstliche Bemühung erworben werden könne; daß schlechte Menschen zwar durch die Furcht Gottes und vor den Gesetzen sich gut verhalten, daß aber, sobald diese Furcht schwindet, sie insgeheim oder öffentlich im Staate Schaden stiften. Darum müsse man auf die Nachkommenschaft und ihre Erziehung die höchste Sorgfalt verwenden und die angebornen natürlichen Eigenschaften müssen aufs Gründlichste erwogen werden. Mitgift und Adelsprädikate seien durchaus trügerische Anzeichen.

Bleibt eine Frau in einer bestimmten Ehe unfruchtbar, so wird sie mit einem andern Manne verbunden; bleibt sie auch dann unfruchtbar, so wird sie Gemeingut der Männer; es werden ihr dann oder die Ehren versagt, welche die Matronen im Rathe über Fortpflanzungsangelegenheiten, bei Tische und im Tempel genießen.

Diese Anordnung ist deshalb getroffen, damit sich die Frauen durch Ausschweifung nicht selbst unfruchtbar machen. Die schwanger Gewordenen enthalten sich während vierzehn Tagen alles Gehens, dann nehmen sie nach und nach leichte Leibesübungen vor, um auf die Leibesfrucht heilsam einzuwirken und ihr die Nahrungswege zu öffnen, nach und nach nehmen sie immer mehr leichte Leibesbewegungen vor und kräftigen sich dadurch. Sie essen nur dasjenige, was ihnen nach Vorschrift ihrer Aerzte am zuträglichsten ist. Nachdem sie geboren haben, stillen sie die Kinder selbst und erziehen sie in gemeinschaftlichen, für diesen Zweck bestimmten Gebäuden; sie säugen zwei Jahre und darüber, wenn der Arzt es erheischt.

Das abgespänte Kind wird sodann, wenn es weiblichen Geschlechtes ist, den vom Magistrate bestellten Wärterinnen, wenn es ein männliches ist, den betreffenden Wärtern übergeben. Dann lehrt man sie wie im Scherze mit andern Kindern das Alphabet und unterweist sie in den Mauergemälden, läßt sie spazieren gehen, wettlaufen, ringen, unterrichtet sie in der Sprache und in den Geschichten, die auf den Wänden abgebildet sind.

Nach dem sechsten Jahre werden sie in die Naturwissenschaften eingeweiht und alsbald zu den Dingen, zu denen sie nach dem Urtheil der obrigkeitlichen Personen besonderes Talent zu haben scheinen. Dann werden sie in die Handwerke eingeführt. Die minderbegabten Kinder werden aufs Land gethan und wenn sie später an günstigen Fähigkeiten zugenommen haben, dürfen sie in die Stadt zurückkehren.

Fast alle, die unter demselben Gestirnstande geboren sind, sind ungefähr mit denselben Anlogen geboren, dasselbe ist der Fall mit ihrem moralischen Charakter und ihren körperlichen Eigenschaften. Daraus folgt ein einmüthiges Zusammenwirken im Staate, da solche Altersgenossen sich gegenseitig gern unter die Arme greifen.

Ihre Namen werden ihnen nicht zufällig und willkürlich beigelegt, sondern vom Metaphysikus nach ihren erkennbaren Eigenheiten, wie es bei den alten Römern Gebrauch war, daher heißt der Eine *Pulcher* (der schöne), ein Anderer *Naso* (Großnase), wieder ein Anderer *Crassipes* (Dickfuß), Jener *Macer* (der Magere), noch ein Anderer *Torvus* (der trotzig Blickende). Wenn sie sich in ihrem Berufe auszeichnen oder durch Großthaten im Kriege oder im Frieden hervorthun, so erhalten sie von ihrer Kunst oder ihrem Handwerke einen Beinamen wie *Pictor* (Maler), *Magnus* (der Große) *Aureus* (der Goldene), *Excellens* (der Ausgezeichnete), *Strenuns* (der Tapfere) oder kombinirt: Naso der Tapfere, der Schlaue, der Siegreiche, der Großmächtige. Oder nach dem besiegten Feinde: der Afrikaner, der Asiate, der Etrusker, oder wenn Einer einen Manfredus, einen Tortelius besiegt hat, wird er z.B. Macer Manfredus, Tortelius u.s.w. genannt.

Diese Beinamen werden von den obersten Magistratspersonen verliehen und sind meist mit einer Bürgerkrone verbunden, die unter lauter Beifallsspendung und Musik gewährt wird. Denn Gold und Silber wird bei ihnen nicht hochgeachtet, und wird zu Gefäßen- und gewöhnlichen, allen gemeinsamen Schmuckgegenständen verarbeitet.

DER GROSSMEISTER. Bitte, sage, ob keine Eifersucht unter ihnen ist, und ob es denjenigen nicht wurmt, der nicht zu einem obrigkeitlichen Posten erwählt worden ist oder zu einem anderen Amte, das er anstrebt.

DER GENUESE. Nicht im mindesten, denn Keinem fehlt, was er nothwendig braucht, aber auch die feineren Genüsse nicht. Alles, was die Nachkommenschaft angeht, wird gewissenhaft mit Rücksicht auf das allgemeine öffentliche Beste geregelt, nicht mit Rücksicht auf den Nutzen der Einzelnen. Der Obrigkeit muß unbedingt gehorcht werden. Wir halten es, um unsere Nachkommenschaft kennen zu lernen und zu erziehen, für nothwendig, eine individuelle Gattin, eine aparte Wohnung und eigene Kinder zu haben: das leugnen sie aber, indem die Zeugung nach dem Ausspruche des heiligen Thomas zur Fortpflanzung des Geschlechtes und nicht des Individuums da sei; daher gehe der Nachwuchs das Staatswesen und nicht das Individuum, die Privatperson an, außer insofern diese Glied des Staatswesens sei.

Und wenn die Zeugungs- und Erziehungsverhältnisse der Privatleute schlecht sind und der Nachwuchs zum Verderb des Staates heranwächst, so ist die erste Sorge und hochheilige Pflicht des Staates, diese Interessen der Obrigkeit zu übertragen. Die Gesammtheit, nicht die Einzelheit, hat dafür einzutreten. Darum werden Vater und Mutter nach philosophischen Grundsätzen zusammengethan. Plato ist der Ansicht, diese Paarung müsse durchs Loos geschehen, damit nicht diejenigen, denen die schönen Frauen vorenthalten werden, zornentbrannt sich gegen die Obrigkeit erhöben. Er meinte auch, daß bei der Loosziehung von der Obrigkeit List zu gebrauchen sei, damit nicht diejenigen die schönen Frauen erhalten, welche nach ihnen verlangen, sondern Jene, welche sie am besten verdienen und denen sie aus anderen Gründen zukommen.

Aber diese List ist bei den Solariern nicht nothwendig, so daß häßlichen Männern häßliche Frauen zufallen müßten, denn Häßlichkeit gibt es bei ihnen nicht. Infolge ihrer körperlichen Uebungen haben sie nämlich lebhafte Farben, kräftig entwickelten, großen, geschmeidigen Gliederbau, hohen Wuchs und in der Lebhaftigkeit und Strammheit besteht bei ihnen die Schönheit, und mit Todesstrafe würden diejenigen bestraft werden, die sich schminkten und schöne hohe Sandalen tragen, um größer zu erscheinen, oder Schleppkleider, um unförmliche Füße zu verbergen. Aber wenn sie es selbst thun wollten, es fehlt ihnen die Möglichkeit dazu, daß wir ihnen derlei Hilfsmittel reichen können. Solche Mißbräuche, sagen sie, entstehen bei uns aus dem Müssiggange und der Trägheit der Frauen, die sie entkräften, bleich machen und ihre Gestalt zusammenschrumpfen lassen. Darum bedürfen sie aufgesetzter Farbe und hoher Sandalen, sie erscheinen nicht durch robusten Gliederbau, sondern umgekehrt durch schlaffe Zartheit schön und zerstören sie und ihr ganzes Naturell und das ihrer Kinder.

Wenn Einer von einer sehr heftigen Liebe zu einem Weibe ergriffen wird, so ist ihnen mit einander zu plaudern und zu scherzen erlaubt, sich gegenseitig mit Laub- und Blumenkränzen zu beschenken und sich gegenseitig anzudichten. Wenn aber eine nicht vortheilhafte Generation von ihnen zu befürchten ist, wird ihnen die geschlechtliche Vereinigung unter keinen Umständen gestattet, wenn die Frau nicht schon schwanger ist (was dann der Wunsch des Mannes ist) oder unfruchtbar. Im Uebrigen kennen sie in der Liebe nur freundschaftliche Gefühle, von der sinnlichen Begierde werden sie kaum jemals aufgestachelt.

Um Eßwaaren und sonstige häusliche Angelegenheiten kümmern sie sich nur wenig, denn allen nöthigen Bedarf erhalten sie ja geliefert, mit Ausnahme des für Ehrungen Bestimmten, was bei großen Festlichkeiten den Helden und Heldenfrauen als Ehrengeschenk überreicht wird, sei es als schöne Kränze, als auserlesene Speisen oder als prächtige Gewänder.

Obwohl sie insgesammt bei Tage und in der Stadt weiße Kleider tragen, benutzen sie außerhalb der Stadt und bei Nacht rothe, entweder wollene oder seidene. Die schwarze Farbe verabscheuen sie als etwas ganz Abscheuliches, darum hassen sie die Japanesen, die Freunde der schwarzen Farbe sind.

Den Hochmuth halten sie für ein scheußliches Laster, und jedes hochmüthige Gebahren wird durch eine besonders tiefe Demüthigung bestraft.

Darum sieht es Niemand als eine niedere Verrichtung an, bei Tische zu bedienen oder in der Küche zu hantiren, oder die Kranken zu pflegen u.s.w., sondern sie nennen jede Funktion eine Dienstverrichtung und finden mit den Füßen gehen, mit dem After seine Nothdurft verrichten ebenso ehrenhaft, wie mit den Augen sehen, mit der Zunge reden, denn ebenso gut sondern die Augen die Thränen ab, der Mund den Speichel u.s.w., wenn es die Nothwendigkeit erheischt. Was immer eine Verrichtung des Körpers ist, das nennen sie durchaus ehrenhaft.

Sie haben keine Sklaven, die die Sitten verderben, indem sie sich selbst genug sind, ja oft sich mehr als genügen. Bei uns ist es leider nicht so der Fall. Neapel zählt siebzigtausend Seelen: darunter sind aber kaum zehn- oder 15 Tausend Personen, die arbeiten. Die reiben sich durch übermäßige, unaufhörliche Arbeit auf und gehen frühzeitig zu Grunde. Die Müssiggänger werden durch Faulheit, Geiz, körperliche Krankheit, Ausschweifung, Wucher, verdorben. Sie verderben wieder die Andern, indem sie in Armuth und sklavischer Kriecherei gehalten werden, und indem sie ihnen die eigenen Laster mittheilen. So kommt es, daß der öffentliche Dienst schlecht versehen wird, daß die öffentlichen Dienstleistungen alle übel besorgt werden und Militärsdienste und Handwerksverrichtungen unter großem Widerwillen derjenigen, die sie zu leisten haben.

Aber in der Sonnenstadt sind die öffentlichen Dienste, Künste, Handwerke und Arbeiten unter Alle vertheilt, so daß auf den Einzelnen kaum vier Stunden treffen, die er zu arbeiten hat. Die übrige Zeit kann er mit angenehmem Studium, Disputiren, Lesen, Erzählen, Schreiben, Spazierengehen, geistigen und körperlichen Uebungen und mit Vergnügen zubringen.

Den Sonnenstaatlern ist kein Spiel, das im Sitzen gespielt wird, erlaubt, weder Würfel- noch Schachspiel und ähnliche; sie spielen mit dem Ball, mit Pfeil- und Hakenbüchsenschießen u.s.w.

Sie behaupten auch, daß harte Armuth die Menschen niedriggesinnt, hinterlistig, betrügerisch, diebisch, intrigant, heimathslos, lügenhaft, zu falschen Zeugen u.s.w. mache. Aber der Reichthum macht unverschämt, hochmütig, unwissend, verrätherisch, eingebildet aufs Nichtswissen, prahlerisch, schmähsüchtig, herzlos u.s.w.

In einem wahren Gemeinwesen dagegen sind alle reich und arm zugleich, weil sie Alle miteinander haben, was sie brauchen, – arm, weil Keiner etwas besitzt; und zugleich dienen sie nicht den Sachen, sondern die Sachen dienen ihnen. Und darum bewundern sie die frommen Mönche des Christenthums, am meisten aber das Leben der Apostel.

DER GROSSMEISTER. Das dünkt mich Alles schön und fromm, aber die Gemeinschaft der Frauen erscheint mir allzuheikel. Der heilige Clemens, der Römer, sagt, daß nachapostolischen Einrichtungen auch die Eheweiber gemeinsam sein müßten und lobt Plato und Sokrates darum, weil diese auch gesagt hätten, daß es so sein müsse. Aber die Glosse versteht darunter die Gemeinsamkeit des Gehorsams gegen Alle, nur nicht die des Lagers. Und Tertullian bestätigt die Glosse und sagt, daß die ersten Christen Alles gemeinsam gehabt hätten, mit Ausnahme der Frauen, die wären es aber dem Gehorsam nach ebenfalls gewesen.

DER GENUESE. Von diesen Dingen weiß ich nichts. Das aber weiß ich und habe es gesehen, daß bei den Solariern die Frauen den Dienstleistungen und dem Ehelager nach gemeinsam ist. Aber nicht nach Art der wilden Thiere, daß sie sich jedes ihnen begegnenden Weibes bemächtigen, sondern, wie es heißt nach dem Gesetze der Zuchtwahl. Ich glaube aber, daß sie sich da irren, obwohl sie sich durch die Autorität des Sokrates, Plato und des heiligen Clemens decken, die, wie du gesagt hast, jedenfalls falsch ausgelegt worden ist. Sie behaupten, der heilige Augustin habe den Kommunismus gebilligt, aber nicht den der Weiber, wenn man nicht in die Ketzerei der Nikolaiten verfallen will, bei denen Gemeinschaft des Beilagers besteht.

Und unsere Kirche habe bloß, um ein noch größeres Uebel zu vermeiden, die Gütergemeinschaft eingeführt, nicht aber, um ein noch größeres Gut einzuführen. Sie könnten ja mit der Zeit diesen Gebrauch ablegen, weil zwar in den unterworfenen Städten die übrigen Dinge, aber nicht die Frauen gemeinsam sind, mit Ausnahmen ihrer Dienstleistungen und Kunstfertigkeiten. Nichtsdestoweniger rechnen sie das den Einwohnern jener eroberten Städte als eine Unvollkommenheit ihrer Philosophie an.

Trotzdem schicken sie Abgesandte aus, um die Sitten anderer Völker zu erforschen und die besseren sich anzueignen. Die Gewohnheit mache die Frauen zum Kriege und zu andern Dienstverrichtungen tauglich. Daher stimme ich völlig dem Plato zu, seitdem ich die Sonnenstadt kenne, weniger den Gründen unseres Cajetan, am wenigsten dem Aristoteles.

Das ist eine ausgezeichnete, der Nachahmung werthe Einrichtung bei ihnen, daß kein körperlicher Fehler die Leute zum Müssigang verdammt, mit Ausnahme des völlig hinfälligen Alters, wo sich die Leute aber noch durch die Rathschläge nützlich machen, die sie geben. Der Hinkende macht sich durch Wachdienste nützlich, indem er mit seinen Augen ausspäht. Der Blinde krempelt mit seinen Händen die Wolle und sortiert die Federn, womit die Matratzen und die Kissen gestopft werden. Wer Auge und Hände verloren hat, der leistet dem Staate mit den Ohren und mit der Stimme Dienste u.s.w. und wer nur noch ein brauchbares Glied hat, der erweist sich damit dienstbereit, daß er draußen am Lande als Kundschafter irgendwelcher Art Dienste leistet.

DER GROSSMEISTER. Erzähle mir nun, bitte, vom Kriege. Dann bitte ich dich, mir von ihrer Nahrungsweise zu erzählen, von ihren Künsten, Handwerken und ihren Wissenschaften, zulegt von ihrer Religion.

DER GENUESE. Der Triumvir »Macht« hat unter sich den Chef der Artillerie, der Kavallerie und der Infanterie, den Kriegsminister und viele der erfahrensten Männer der einschlägigen Fächer. Dem »Macht« unterstehen die Athleten und alle diejenigen, die kriegskundig den betreffenden Unterricht zu ertheilen vermöchten. Unter den Athleten ertheilen diejenigen, die dem Alter nach schon klüger sind, den Zwölfjährigen und älteren den ersten Waffenuntericht, nachdem sie Unterlehrer im Ring- und Rennkampf, im Steinwerfen u.s.w. gedrillt haben. Dann lehrt man die Jugend, wie der Feind zu treffen, wie Pferde, wie Elephanten anzugreifen sind; lehrt sie das Schwert handhaben, den Wurfspieß, den Pfeil, die Schleuder; lehrt sie zu verfolgen und zu fliehen, in der Schlachtordnung Stand zu halten und in Reih und Glied zu fechten, dem Feinde zuvorzukommen und wie man den Sieg erringt.

Auch die Frauen erhalten dieselbe militärische Erziehung und werden von eigenen Lehrern und Lehrerinnen unterrichtet und ausgebildet, damit sie im Falle der Noth den Männern in einem nahe der Stadt sich abspielenden Kriege zu Hilfe kommen und die Mauern beschützen können, wenn den Wällen ein plötzlicher ungestümer Ueberfall drohte; die Bürgerinnen werden allda wie die Lacedämonierinnen und Amazonen geehrt. So verstehen sie sich denn darauf,

Bleikugeln zu gießen, diese aus Hakenbüchsen abzuschießen und Steine von den Zinnen herabzuschleudern, die Wucht des Angriffes zu brechen.

Vor Allem aber werden sie gewöhnt, die Furcht gründlich abzulegen; wer solche verriethe, würde scharf bestraft werden. Sie fürchten den Tod auch nicht, denn Alle glauben an die Unsterblichkeit der Seele, sowie daran, daß diese, sobald sie den Körper verlasse, sich mit den guten oder bösen Geistern wieder vereinige, je nach dem ihr innewohnenden Verdienste in diesem irdischen Leben.

Denn obwohl die Solarier Brahmanen und theilweise Pythagoräer sind, sind sie keine Anhänger der Seelenwanderung, außer in gewissen Fällen, die sich direkt auf ein ausnahmsweises göttliches Urtheil gründen. Auch scheuen sie sich nicht, dem Feinde ihres Staatswesens und ihrer Religion Uebles zuzufügen und halten das keineswegs für etwas der Humanität Zuwiderlaufendes.

Alle zwei Monate wird große Heerschau gehalten und täglich Waffenübungen, sei's draußen auf offenem Felde, sei's innerhalb der Stadtmauern. Auch Bücher über die Kriegskunst werden gelesen, ferner die historischen Bücher über Moses, Josua, David, die Makkabäer, Cäsar, Alexander, Scipio, Hannibal u.s.w. Jeder gibt nach vollendeter Vorlesung sein Urtheil darüber ab, welche gut, welche übel, welche nützlich, welche ehrenwerth gehandelt haben; der Lehrmeister trifft zuletzt die endgültige Entscheidung.

DER GROSSMEISTER. Aber mit welchem Volke führt ein so glückseliges Volk Krieg und aus welchen Ursachen?

DER GENUESE. Und wenn alle Möglichkeit eines Krieges ausgeschlossen wäre, so werden die Solarier doch niemals aufhören, sich in der Kriegskunst und in den Waffen zu üben und dem Weidwerk obzuliegen, damit sie nicht etwa weichlich erschlaffen und auf daß sie auf alle Fälle nie ungerüstet seien.

Ueberdies sind vier Königreiche auf der Insel, auf der sich der Sonnenstaat befindet, die diesen so sehr um sein Glück beneiden, daß sie lieber nach Solarierweise beherrscht sein möchten, als daß sie von ihren eigenen Königen regiert werden; und darum gibt es öfter Krieg, der dadurch zustande kommt, daß ihn diese Könige häufig den Solariern erklären. Sie motivieren ihn damit, daß jene einen Theil ihrer Grenzen in Beschlag nehmen und eines ruchlosen Lebens sich beflissen, weil die Solarier keine Götzenbilder anbeteten, noch eine andere Heidenreligion hätten, noch auch die der alten Brahmanen.

Die andern Indier bekämpfen die Solarier wie Rebellen, denen sie früher unterthan waren; und die Taprobanenser, die ihnen anfänglich zu Hilfe kamen, erklären sich jetzt auch gegen sie; gleichwohl sind die Sonnenstaatler immer Sieger. Sobald sie eine Beleidigung empfangen haben, oder eine Schmach ihnen zugefügt worden ist, oder sie beraubt worden, oder ihre Freunde in ihren Rechten geschädigt worden sind, oder wenn sie eine unterdrückte Stadt als Befreier anruft, und sie finden, daß dies mit Recht geschieht, so wird alsbald Rath über die Sache gehalten.

Zunächst werfen sie sich auf's Knie und bitten Gott, ihnen eine gute Entschließung zu verleihen; dann untersuchen sie die Sache, auf welcher Seite das gute Recht sei und wenn sie finden, daß diejenigen, die sie zu Hilfe gerufen haben, Recht haben, so erklären sie auf folgende Weise den Krieg: ein Priester, genannt der Forensis, wird sofort zu den Feinden abgesandt: er verlangt von ihnen entweder Rückgabe der geraubten Beute, oder Einstellung der Feindseligkeiten gegen ihre eigenen Freunde. Verweigern sie dieses, so erklärt er ihnen den Krieg (unter Anrufung des Gottes der Rache), deren Ausführung diesem übertragen wird, und Citirung des Gottes Zebaoth, der einem feindlichen Könige eine Stunde Frist gibt, und drei Stunden, wenn es einer Republik gilt, um so den Schein einer ausweichenden Antwort zu vermeiden. So beginnt denn der Krieg gegen die Verächter des göttlichen und natürlichen Rechtes. Nach Erklärung des Krieges wird alle praktische Führung desselben dem Stellvertreter des »Macht« wie einem römischen Diktator übertragen. Dieser aber verfährt nach eigenem Ermessen und Machtvollkommenheit, damit die verderbliche Langsamkeit vermieden wird, durch Einheit des Kommandos.

Wenn es sich indessen um eine Sache von großer Wichtigkeit handelt, konferieren Macht und Weisheit und Liebe mit.

Vorher aber wird von einem Redner der Anlaß und die Gerechtigkeit der zu unternehmenden Kriegsexpedition dargelegt und in diese große Rathsversammlung hat Jeder vom zwanzigsten Lebensjahre an Zutritt. Auf diese Weise werden die vorbereitenden Schritte getroffen. Alle möglichen Waffengattungen werden in den Arsenalen aufbewahrt und häufig zu fingirten Schlachten verwendet. Die äußeren Mauern jedes Kreises sind mit Bombarden gespickt und an der nöthigen Geschützbedienung fehlt es keineswegs. Sie haben auch eine andere Art Geschütze, Kanonen genannt, die auf Wagen ins Schlachtfeld geführt werden. Die Kriegsmunition und der Mundvorrath werden auf Eseln und Mauleseln und Karrenfuhrwerken transportiert. Sowie sie ein Kriegslager draußen im freien Felde aufschlagen, werden die Kriegs- und Mundvorräthe, die Wagen, die Kanonen, die Leitern und die Kriegsmaschinen in die Mitte des Raumes genommen; sie schlagen sich lange und mit Feuer. Sie ziehen sich auch häufig unter verstellter Flucht zurück, wodurch die Feinde dahin getäuscht werden, daß überhaupt eine Flucht in größerem Maßstabe stattfinde; diese lassen sich zur Verfolgung hinreißen; aber die Solarier theilen sich in Flügel und mehrere Schlachthaufen und während sich die Einen durch Ausrasten erholen, lassen sie ihre Artillerie glühende Kugeln spielen und kehren alsbald in die Schlacht zurück, die Verwirrung und Niederlage der Feinde vollendend.

Derlei kommt gar nicht so selten vor. An Hinterlisten und Kniffen sowie im Gebrauche von Kriegsmaschinen sind sie allen Völkern überlegen. Ihre Lager schlagen sie nach römischer Lagerkunst auf, errichten so die Zelte, und befestigen sie mit Wall und Graben in wunderbarer Schnelligkeit. Es gibt besondere Werkmeister und Kriegsmaschinenmeister der Geschützbedienung. Alle Soldaten sind bewandert im Gebrauch von Haue und Hacke. Fünf, acht oder zehn Kommandanten sitzen im Kriegsrathe, die in der Strategie und im Evolutioniren zu Hause sind, indem sie bereit sind, dieselben Kommandos praktisch auszuführen, die sie dem theoretischen Namen nach inne haben.

Sie pflegen einen Schwarm bewaffneter, berittener Knaben mit sich zu führen, um sie nach Art der Welfen und der jungen Wölfe, an den Anblick vergossenen Blutes zu gewöhnen, die sich zur Zeit der Gefahr in Sicherheit zurückziehen. Aber nach der Schlacht liebkosen die Frauen und die Knaben die Krieger, verbinden die Verwundeten und trösten und stärken sie mit labenden Worten, die einen wunderbaren Erfolg haben. Von wunderbarem Erfolge ist auch oft dies Eine. Die Kombattanten, die sich in den Augen ihrer Frauen und Kinder muthbeseelt zeigen wollen, machen unglaubliche Anstrengungen und die Liebe läßt sie den Sieg davontragen. Derjenige, der bei einer Erstürmung zuerst die feindlichen Mauern ersteigt, erhält nach vollbrachter That ehrenhalber eine Graskrone von den Frauen und Knaben unter dem Beifall des Militärs. Einer, der einem Waffengefährten das Leben rettet, erhält einen Eichenkranz; derjenige, der einen Tyrannen tödtet, deponirt den diesem abgenommenen Waffenschmuck im Tempel und der Metaphysikus verleiht dem Thäter einen seine That erwähnenden und sie würdigenden Beinamen. Andere Kronen oder Kränze werden auf ähnliche Weise und aus anderen Gründen vertheilt. Der Reitersmaun führt eine Lanze und zwei Sattelpistolen derber Konstruktion, an der Mündung etwas verengt; darum durchbohrt ihr Geschoß jede Eisenrüstung. Die Solarier tragen gleichmäßig einen Dolch und einen Hängedolch wie die Ritter. Die Reiterei, die starke Rüstungen hat, führt eiserne Keulen. Wenn der Dolch stumpf wird und die Kugeln sich an den feindlichen Rüstungen abplatten, nehmen sie zu dieser Keule Zuflucht, um damit die Feinde niederzuschlagen, wie Achilles mit dem Cymus (Kyknos) that. Sie schlagen sie zu Boden und betäuben sie durch tödtliche Keulenschläge. Zwei Ketten von sechs Handlängen, an deren Enden zwei Eisenkugeln befestigt sind, sind mit der Keule verbunden. Das ist so eingerichtet, daß sich die Ketten an den Keulen beim Schwingen oder Schleudern um den Hals des Feindes verwickeln, dieser herangezogen und zu Boden gerissen werden kann. Um einen so bequemen Gebrauch von ihren Keulen machen zu können, lenken sie ihre Pferde nicht mit den Händen, sondern mit den Füßen; die Zügel kreuzen sich über den Sattelknöpfen und haften sich an den Steigbügeln an, die nach außen zu die Gestalt einer Kugel, nach innen die eines Triangels haben. Beim Umlenken nun dreht der Fuß beständig die Kugel, woran die Zügel festgemacht sind, und dadurch spannt er sie straffer oder läßt sie locker; wendet der Reiter den linken Fuß, so wird das Pferd nach links gelenkt und umgekehrt.

Die Tataren, die ebenfalls gar wohl ihre Pferde mit den Füßen zu lenken verstehen, kennen nicht das Verfahren, die Zügel an den Steigbügel zu befestigen; die leichte Reiterei kommt auf folgende Art allmählich in den Kampf: zu vörderst die Arkebusier, dann kommen die Lanzenreiter, dann die Schleuderer, die sehr geschätzt sind, und von denen ein Theil vorandrängt, während die Andern truppweise folgen, indem sie hindurchlaufen, wie die Fäden eines Webstuhls; darauf folgt eine Reservetruppe von Pikeniren; zuletzt kommen die Krieger mit blanken Schwertern in der Hand. Nach beendetem Kriege feiern sie Triumphe nach Weise der Römer, nur noch pomphafter. Während Gott im Tempel Dankgebete dargebracht werden, stellt sich der Feldherr des Kriegszuges mitten im Tempel auf und der Staats-Kriegsdichter, der gewohnheitsmäßig dem Kriege beigewohnt hat, erzählt Alles, was sich zugetragen hat.

Dann erfolgt seitens des Metaphysikus die Bekränzung des Feldherrn mit Lorbeer sowie die Vertheilung von Geschenken und Belohnungen an die tapfersten Soldaten, die für mehrere Tage von Arbeiten verschont bleiben. Für diese Gnade und Gunsterweisung sind sie jedoch unempfindlich, denn da sie nicht müßig bleiben können, so helfen sie, wo sie können, ihren Freunden.

Dagegen wird über die durch eigene Schuld Besiegten, d.h. insbesondere diejenigen, die ihren Vortheil nicht wahrgenommen haben, öffentlicher Tadel ausgesprochen. Derjenige, der der erste war, das Beispiel zur Flucht zu geben, kann dem Tode nicht entgehen, wofern nicht das gesammte Heer verlangt, daß er am Leben bleibe, und nicht die Mitschuldigen einen Theil der Strafe auf sich nehmen. Aber sehr selten nur wird eine solche Nachricht geübt, wenn nicht ganz gewichtige Gründe dafür sprechen. Wer seinem Waffengefährten nicht helfend beigesprungen ist, wird mit Ruthen gestrichen, wer sich des Ungehorsams schuldig gemacht hat, wird irgendwo in einem Graben der Umwallung den wilden Thieren zum Fraße vorgeworfen. Es wird ihm ein Stab in die Hand gegeben und wenn er damit den Löwen oder die Bären, denen er zum Opfer bestimmt ist, besiegt, was so gut wie eine bare Unmöglichkeit, so wird er wieder zu Gnaden ausgenommen.

Die unterjochten Städte und Dörfer oder diejenigen, die sich selbst ergeben haben, werden sofort zu einem Gemeinwesen vereinigt, und erhalten eine solarische (sonnenstaatliche) Garnison und eine ebensolche Besatzung. Allmählich gewöhnen sie sich an die Lebensweise und an die Sitten und Gebräuche der Solarier. Ihre Kinder schicken sie nach der Sonnenstadt in die Schule, weil der Unterricht dort unentgeltlich ist.

Es wäre allzu umständlich, von den einzelnen Kundschafterdiensten, den Wachtposten und Nachtdiensten, von allen den praktischen Gebräuchen innerhalb und außerhalb der Sonnenstadt zu sprechen; das kannst du dir so leicht Alles selbst denken. Man bestimmt jedem das Amt, das er nach seiner Neigung von Kindheit aus und nach dem Stand der Gestirne, unter welchen er geboren worden ist, einzunehmen hat.

Darum erfüllen alle wohl ihre Pflichten und das was ihnen ausgetragen, mit Vergnügen, weil ihre Arbeiten mit ihren natürlichen Neigungen zusammenfallen.

Schildwachen und Wachposten stehen Tag und Nacht an den vier Thoren und auf eigenen Vorsprüngen und Thürmen der siebenten Rundmauer. Tags wird dieser Dienst von Frauen versehen, Nachts aber von den Männern. Dieser Dienst übt ihre Wachsamkeit und macht jede Ueberrumpelung unmöglich. Eine Wache dauert, wie bei uns, etwa drei Stunden.

Sobald die Sonne sich zum Untergange neigt, fängt man an, die einzelnen Nachtposten unter den Klängen einer Symphonie zu vertheilen und auszustellen, in die sich der Schall von Pauken mischt.

Die Solarier lieben das Jagdvergnügen, da es gleichsam ein Abbild des Krieges ist und bei Gelegenheit verschiedener Festlichkeiten veranstalten sie Spiele mit Fußvolk und Reiterei auf öffentlichen Plätzen. An Musik darf es dabei nicht fehlen.

Haben sie den Sieg errungen, so verzeihen sie dem Feind, was er sich etwa hat zu Schulden kommen lassen, und erweisen ihm Gutes. Ist aber beschlossen worden, die feindlichen Mauern zu zerstören oder eine Anzahl Feinde enthaupten zu lassen, so wird dies noch am Tage des

Sieges selbst vollzogen. Sie erweisen auch nachmals dem Feinde unentwegt Gutes, indem sie der Ansicht sind, daß man ihn nicht bekämpfe, um ihn zu vernichten, sondern um ihn moralisch zu bessern.

Gerathen zwei Bürger in Streit, sei die Ursache um eine Beleidigung, oder aus einem andern Grunde erfolgt (es gibt bei ihnen fast keine anderen als Ehrenstreitigkeiten), so strafen das Oberhaupt und die Obrigkeit den Schuldigen insgeheim, wenn er sich in der ersten Auswallung des Zornes zu Thätlichkeiten gegen den Gegner hat hinreißen lassen. Handelte es sich aber blos um eine Verbalinjurie, so wartet man, bis es zu einer Schlacht im Kriege kommt; welcher von den Beiden sich in dieser durch Tapferkeit und Ruhmesthaten mehr auszeichnet – der höher berechtigte Ingrimm soll sich in höherem Maße gegen den Feind wenden, nimmt man an –, dessen Sache wird für die bessere erklärt, und der andere Theil unterwirft sich dieser Entscheidung ohne Murren.

Die Strafen sollen der Schuld angemessen sein. Der Zweikampf wird nicht gestattet, denn fürs Erste vereitelt er die richterliche Autorität, sodann zeigt sich dessen ganze Ungerechtigkeit, wenn der, der im Recht ist, unterliegt. Wer behauptet, das bessere Recht vor seinem Gegner zu haben, mag dies im öffentlichen Kriege, nicht im Einzelkampfe, beweisen.

DER GROSSMEISTER. Das ist vortrefflich, auf daß nicht die Parteiungen zum Verderben des Vaterlandes groß gezogen und damit Bürgerkriege im Keime erstickt werden, aus denen häufig ein Tyrann hervorgeht, wie das Beispiel Roms und der Athener beweist. – Nunmehr erzähle mir, bitte, von den Arbeiten.

DER GENUESE. Ich glaube dir schon mitgetheilt zu haben, daß die militärischen Dienstleistungen und die im Ackerbau und in der Viehzucht zu leistenden Verrichtungen Allen gemeinsam sind. Jeder muß diese Obliegenheiten des Bürgerthums kennen, die allgemein für die vornehmsten Berufe gehalten werden. Wer daher in mehreren Berufen bewandert ist, der gilt für um so edler als die Andern, und wer es zu einer höheren Vollkommenheit darin gebracht hat, der wird zum Lehrer in dem betreffenden Fach ernannt. Die mühsamsten Arbeiten gerade verdienen in den Augen der Solarier das höchste Lob, wie z.B. das Maurer- und Schmiedehandwerk. Keiner verschmäht es auch, eine solche Thätigkeit auszuüben, weil von Kindheit an ihrem Hange zu den verschiedenen Berufen und deren Arbeiten Rechnung getragen worden ist. Auch sind die Arbeiten so klug und gerecht vertheilt, daß sie, weit entfernt, der Gesundheit der Individuen zu schaden, dieselbe umgekehrt sogar kräftigen.

Die weniger anstrengenden Verrichtungen werden von den Frauen besorgt.

Alle Solarier müssen schwimmen können. Darum sind innerhalb und nicht weit außerhalb der Stadt Wasserbehälter errichtet.

Aus allen Weltgegenden kommen Kaufleute nach der Sonnenstadt, den Einwohnern ihren Ueberfluß abzukaufen. Diese nehmen, obwohl ihnen gemünztes Geld bekannt ist und sie selbst solches haben, kein Geld dafür, sondern begnügen sich, ihre Waaren gegen andere umzutauschen, deren hinwiederum sie benöthigt sind.

Die Kinder der Solarier lachen aus vollem Halse, wenn sie sehen, was für ein Haufen Sachen für eine Hand voll Münzen hergegeben wird, aber die Alten lachen nicht. Denn diese wollen nicht, daß die städtische Bevölkerung durch die schlechten Sitten der Sklaven und fremden Ankömmlinge verderbt werden, daher schließen sie die Handelsgeschäfte draußen in den Häfen ab. Dort verkaufen sie auch die Kriegsgefangenen, wofern sie sie nicht zu Erdarbeiten und andern schweren Arbeiten außerhalb der Stadt verwenden.

Vier Abtheilungen Soldaten bewachen beständig die Felder und beaufsichtigen die darauf arbeitenden Leute. Diese ziehen zu den vier Thoren der Stadt auf Straßen hinaus, die mit Ziegelsteinen bepflastert sind und bis zum Meere führen, damit den Fremden, gegen die sich die Solarier stets zuvorkommend und gastfrei erweisen, sowohl die Reise als der Waarentransport erleichtert werde.

Während der ersten drei Tage werden die Fremden auf öffentliche Unkosten gespeist. Man beginnt damit, ihnen die Füße zu waschen. Dann zeigt man ihnen die Stadt und alle ihre Einrichtungen, lädt sie zum Besuche des großen Rathes ein und zieht sie an die öffentliche Tafel, wo sie von eigens dafür bestimmten Personen bedient werden. Ebenso wird über ihre Sicherheit von eigens zu diesem Dienste befohlenen Leuten gewacht.

Wünschen die Fremden Bürger des Sonnenstaates zu werden, so müssen sie sich einen Monat auf dem Lande, einen zweiten in der Stadt gewissen Prüfungen unterziehen, dann wird die Entscheidung über ihre Aufnahme getroffen, welche unter gewissen Ceremonien und zu leistenden Eiden erfolgt.

Der Ackerbau steht in höchstem Ansehen; jede Handbreit Landes wird nutzbringend gemacht. Winde und Gestirne werden sorgfältig beobachtet, dann, nachdem nur Wenige in der Stadt zu ihrer Bewachung zurückgelassen werden, ziehen alle Uebrigen zur Feldarbeit hinaus, fast in voller Waffenrüstung, Trompeten, Trommler und Fahnenträger voran, um zu pflügen, zu hacken, zu säen, zu ernten und die Obst- und Weinlese zu halten. In wenigen Stunden ist Alles gethan, da die Arbeit in rationeller, zeitersparender Weise gefördert wird.

Sie haben eine Art Wagen erfunden, über denen Segel ausgespannt sind, deren sie sich bedienen, selbst gegen den Wind zu fahren, vermittels eines wunderbaren Rädermechanismus. Ist vollkommene Windstille, so zieht ein einziges Lastthier den größten Wagen – ein wunderbarer Anblick!

Bewaffnete Grund- und Bodenwächter begehen inzwischen die ganze Flur und werden turnusweise von neuen Trupps abgelöst.

Dünger gebrauchen sie nicht, auch nicht Koth zur Düngung, da sie der Meinung sind, daß Beides den Sämereien sehr schädlich sei, indem die Lebensfähigkeit der Frucht dadurch verkürzt werde. Sie vergleichen in dieser Beziehung die Erde mit einem Weibe, das sich schön macht, indem es Schminke auflegt, nicht, indem es schönheitsfördernde Leibesübungen vornimmt, und das, da ihr Körper kraftlos ist, einer schwächlich dahinsiechenden Nachkommenschaft das Leben gibt. Daher auch die Erde nicht bloß oberflächlich zu schminken, sondern tüchtig zu bearbeiten und gut zu befruchten sei, was sie mit großer Kunstfertigkeit zuwege bringen, denn sie haben geheime Mittel, die Keimkraft des Samens zu beschleunigen, zu vervielfachen und andererseits zu verhindern, daß sie je einmal absterbe. Sie haben zu diesem Behufe ein Buch, das sie Georgica nennen.

Man bearbeitet nur ein so großes Stück Land, als ihren Bedürfnissen genügt, das übrige dient zu Viehweiden. Die kostbare Kunst, Pferde, Ochsen, Schafe, Hunde und alle Arten Hausthiere und gezähmten Viehs zu produciren und aufzuziehen, steht bei ihnen so hoch, wie zu den Zeiten Abrahams. Die Thiere werden in einer Weise gepaart, daß die beste Rasse erzielt wird. Es werden die schönsten Exemplare von gemalten Pferden, Ochsen, Schafen etc. aufgestellt, die sehen die zur Zucht bestimmten Thiere an. Die Hengste weiden nicht mit den Stuten zusammen; man läßt sie nur, im günstig erscheinenden Zeitpunkte, in den Höfen der ländlichen Ställe zusammen. Um diesen zu erfahren, wird der Schütze zu Rathe gezogen, wenn er unter dem günstigen Einflusse des Mars und Jupiter steht. Für die Ochsen wird das Sternbild des Stiers, für die Schafe der »Widder« in Betracht gezogen, ganz nach den Regeln der Kunst. Die Familie der Hausthiere steht unter dem Schutze der Plejaden, ebenso wie die Enten und Gänse, die die Frauen gern auf die benachbarten Weiden außerhalb der Stadt führen, wo für diese Thiere Unterkunftsräume angebracht sind, worin die Frauen sich mit der Bereitung der Butter, des Käses u.s.w. beschäftigen. Sie halten auch eine große Menge von Kapaunen. Von allen diesen Dingen handelt ein Buch Namens Bucolica.

In der Sonnenstadt ist Alles im Ueberfluß vorhanden, denn Jeder will sich in seiner Arbeit, die leicht und kurz ist, auszeichnen und es dem Andern zuvor thun; Jeder ist auch sehr gelehrig und folgt gern demjenigen, der ihm in einer Verrichtung an Wissen und Können überlegen ist; und einen solchen nennen diejenigen, die nicht so viel leisten können, wie er, »König«, denn dieser Titel, behaupten sie, gebührt nur dem Kundigen und Wissenden und nicht dem Unwissenden.

Es ist ein wunderbares Ding, zu sehen, mit welcher Ordnung Männer und Frauen, in Trupps eingetheilt, an die Arbeit gehen, ohne je die Gebote ihres »Königs« zu übertreten und ohne sich je ermüdet zu zeigen, wie wir es thun würden. Sie betrachten ihre Vorgesetzten wie Väter oder ältere Bruder.

Im Lande der Solarier sind Gehölze und Wälder genug vorhanden, in denen sie der Jagd auf wilde Thiere obliegen können.

Die Schifffahrtskunde, steht ebenfalls in hohem Ansehen. Sie haben Schiffe und Fahrzeuge, die, ohne Segel und Ruder, vermittels eines höchst sinnreichen Mechanismus das Meer befahren, und andere mit Segeln und Rudern. Die Solarier kennen ausgezeichnet gut den Gestirnstand und Ebbe und Flut; sie unternehmen Seereisen, um die verschiedenen Nationen kennen zu lernen; die Länder, die diese bewohnen, sowie ihre Waaren und Produkte.

Sie lassen sich nicht beleidigen, sie fordern oder auch Niemand heraus und schlagen sich nur im äußersten Nothfalle. Sie sind überzeugt, daß noch die ganze Welt ihre Sitten annehmen wird, was sie aber durchaus nicht hindert, zu forschen, ob unter den andern Nationen eine besser sei als sie. Sie haben Verträge mit den Chinesen, mit verschiedenen Ländern des Festlandes und mit Inselreichen geschlossen, so mit Siam, Cochinchina, Calikut.

Die Solarier haben für ihre Schlachten zu Wasser und zu Lande Kunstfeuerwerk und eine große Anzahl uns unbekannter Kriegsmaschinen; sie werden übrigens fast nie besiegt.

DER GROSSMEISTER. Es würde mich nur freuen, wenn ich von dir erführe, was für Speisen und Getränke sie zu sich nehmen, wie ihre ganze Lebensweise beschaffen ist und wie alt sie werden.

DER GENUESE. Sie leben der Ansicht, daß zuerst für den Lebensunterhalt in der Gesammtheit, dann für die individuelle Existenz gesorgt werden muß.

Ihre Lebensmittel bestehen aus Fleisch, Butter, Honig, Käse, Datteln und verschiedenen Arten Gemüse. Sie wollten grundsätzlich keine Thiere tödten, weil es ihnen allzu grausam erschien; als sie aber sodann überlegten, daß es gleicherweise grausam sei, das Leben der Pflanzen zu zerstören, die auch Gefühl haben, und da der Mensch doch nicht Hungers sterben kann, so begriffen sie, daß die untergeordneten Wesen für den Gebrauch der höheren geschaffen sind und so sind sie zuletzt zum Genusse von Thierfleisch gekommen. Doch schlachten sie nur ungern nützliche, Werthe repräsentirende Thiere, wie Ochsen und Pferde. Sie unterscheiden zwischen nützlichen und schädlichen Speisen und machen nach ihren medizinischen Kenntnissen Gebrauch von denselben.

Die Nahrung wird beständig dreimal gewechselt. Den einen Tag ißt man Fleisch den nächsten Fisch, am dritten Tag Gemüse. Am vierten kehrt man zum Fleisch zurück und so weiter, damit der Magen nicht das Einerlei der Kost übersatt bekommt. Die leichtverdaulichen Nahrungsmittel werden für die Greise aufbewahrt, die dreimal des Tages, aber jedesmal nur sehr wenig essen. Im allgemeinen ißt man dreimal, Kinder viermal, je nach Verordnung des Arztes.

Die Solarier werden gewöhnlich hundert Jahre alt, verschiedene sogar bis zu zweihundert Jahren.

Sie sind sehr nüchtern und enthaltsam. Der Genuß des Weines ist jungen Leuten nicht vor dem neunzehnten Jahre erlaubt, es sei denn daß Gesundheitsrücksichten ihn nöthig machen. Dann trinken sie ihn halb mit Wasser gemischt, gerade so wie die Frauen. Die meisten Männer von fünfzig Jahren trinken ihn lauter, ohne Wasser.

Sie genießen die nahrhaftesten Speisen der Jahreszeit, indem sie sich in dieser Beziehung ganz nach den Anordnungen des mit dieser Sorge betrauten Oberarztes richten.

Die Solarier halten dafür, daß ein Erzeugniß der Erde zu dem Zeitpunkt, da Gott es wachsen läßt, nicht schädlich sei, wenn durch unmäßigen Genuß kein Mißbrauch damit getrieben wird. Daher nähren sie sich im Sommer von Früchten, weil diese saftreich sind und kühlende Frische enthalten, den Durst stillen und die Hitze erträglicher machen; im Winter leben sie von Früchten und Gemüsen; im Herbste genießen sie Weintrauben, die Gott zu dieser Jahreszeit wachsen läßt, um Traurigkeit und düstere Laune zu verscheuchen.

Von Wohlgerüchen machen sie reichlichen Gebrauch. Wenn sie früh Morgens aufstehen, kämmen sie sich und waschen Gesicht und Hände mit kaltem Wasser; dann kauen sie Minze, Petersilie oder Fenchel und reiben sich damit die Hände; die Greise nehmen Weihrauch.

Dann sprechen sie, gegen Ost gewendet, ein kurzes Gebet, ähnlich dem, das uns Christus gelehrt hat. Dann gehen sie aus, die Einen, den Greisen allerhand Beistand zu leisten, die Andern, Versammlungen zu besuchen, um ihre Funktionen im Staatsdienste zu versehen.

Dann geht's zum Unterricht, dann in den Tempel; darauf folgen die körperlichen Uebungen; dann pflegen sie ein bischen der Ruhe im Sitzen, dann gehts zum Mahle.

Bei den Solariern gibt es kein Podagra und kein Chiragra (Fuß- und Handgicht), keinen Katarrh, kein Hüftweh, keine Kolik, keine Blähungen, denn diese Krankheiten stammen von schlechter Absonderung der Säfte und von Anschoppungen; aber die Solarier vertreiben diese Ansammlung und Stockung der Säfte, sowie Blähungen, mittels streng geregelter Leibesübungen. Blähungen und Erbrechen gelten als schimpflich, weil sie, wie die Solarier behaupten, vom Mangel an körperlicher Bewegung, von feiger Trägheit und von der Unmäßigkeit und vom Katzenjammer herrühren.

Eher leiden sie an Entzündungen oder am trockenen Krampfe, dem sie durch reichliche Nahrung von gesunden, substanziellen Speisen begegnen.

Gegen die Schwindsucht wenden sie lindernde Bäder, die Milchkur, Landaufenthalt in lieblicher Gegend und angenehme, mäßige Leibesübungen an.

Die Luftseuche findet unter den Solariern keinen Boden, dank ihrer Gewohnheit, sich mit Wein zu waschen, mit aromatischen Oelen abzureiben und sich hinreichend Bewegung zu machen, was die üblen Ausdünstungen in Schweiß verflüchtigt, die das Blut verderben und sogar das Mark angreifen.

Die Schwindsucht ist bei ihnen wenig verbreitet, da sie Lungenkatarrhe alsbald beseitigen; auch ist ihnen jene Form des Asthmas unbekannt, die von verdickten Säften herrührt.

Hitzige Fieber behandeln sie mit kaltem Wasser; eintägige mit wohlriechenden Essenzen, eingedickter Kraftbrühe, ferner durch Schlaf und heiteres Wesen; das dreitägige mit Aderlässen, Rhabarber oder einem anderen adstringirenden Mittel, sowie durch Abkochung von Wurzeln purgirender und säuerlicher Pflanzen. Sie trinken aber selten ein Purgirmittel; die viertägigen Fieber heilen sie leicht durch Einjagung eines plötzlichen Schreckens oder durch den Saft von Pflanzen, deren Wirkungen dem Fieber entgegengesetzt sind, oder die umgekehrt gerade ähnliche Wirkungen haben. Sie haben mir solche Geheimmittel auch gezeigt.

Mit besonderer Sorgfalt legen sie sich auf Heilung der schleichenden Fieber, die sie mehr fürchten als alle übrigen; sie bekämpfen sie mit Heilkräutern, mit zum Himmel gerichteten Bitten und forschen eifrig in den Sternen. Fünf-, sechs- und achttägige Fieber sind bei den Solariern kaum vorhanden; ihre Säfte verdicken sich nie so sehr.

Sie gebrauchen Bäder und warme Quellen, die denen der Römer ähnlich sind; sie reiben ihren Leib mit Oelen und vielen uns unbekannten Essenzen ab, um ihn rein, gesund und kräftig zu erhalten. Mit diesen und ähnlichen Mitteln bekämpfen sie die Fallsucht (Epilepsie), von der sie oft befallen werden.

DER GROSSMEISTER. Das ist immer ein Zeichen bedeutender geistiger Begabung, denn Herkules, Sokrates, Kallimachos, Scotus und Mahomed litten an diesem Uebel.

DER GENUESE. Die Solarier suchen es mit zum Himmel emporgeschickten Gebeten, sowie mit die Gehirnthätigkeit anregenden Mitteln und mit Säuren zu bekämpfen. Sie geben dem Kranken dicke Kraftbrühen mit eingerührtem besten Weizenmehl zu trinken.

Auf die Kochkunst verstehen sie sich; sie würzen die Gerichte mit Muskat, Honig und stärkenden, erregenden Gewürzen; fetten Speisen geben sie einen Zusatz von Säure, damit sie nicht Ekel erwecken. Die Getränke kühlen sie nicht mit Eis, wärmen sie aber auch nicht künstlich, wie die Chinesen, denn es dünkt sie unnütz, die natürliche Körperwärme künstlich zu erhöhen; wohl aber wenden sie gegen die Ueberfülle von Säften gestoßenen Lauch, Essig, Thymian, Minze, Basilienkraut an, insbesondere gegen die Schlaffheit im Sommer.

Sie kennen ein Geheimmittel zur Erneuerung und Verjüngung des Lebens nach je sieben Jahren, ohne daß Gefahr damit verknüpft wäre; im Gegentheil, es ist von wunderbarer Wirkung.

DER GROSSMEISTER. Noch hast du nicht von den Wissenschaften und von den Obrigkeiten gesprochen.

DER GENUESE. Doch wohl! Da du aber so wißbegierig bist, so werde ich noch Einiges hinzufügen. Zur Neumondszeit, sowie auch bei jedem Vollmonde versammelt sich, nach einem dargebrachten Opfer, der große Rath. Alle Personen, die über zwanzig Jahre alt sind, haben Zutritt und dürfen ihre Stimme über Angelegenheiten des Gemeinwesens abgeben; dürfen Beschwerde erheben über die Amtsführung der obrigkeitlichen Behörden oder ihr Lob darüber aussprechen.

Alle acht Tage versammeln sich die Obrigkeiten, d.h. zuvörderst *Sol, Weisheit, Macht, Liebe*, (Pon, Sin, Mor), die wieder jeder drei Behörden unter sich haben, denen die oberste Leitung der Künste und Gewerbe zusteht; das macht zusammen dreizehn Obrigkeiten.

»Macht« hat alle Militärangelegenheiten unter sich, »Weisheit« Alles die Wissenschaften Betreffende, »Liebe« geht Ernährung, Bekleidung, Kindererzeugung und -erziehung an. Die Armeekorpskommandanten, die Censurionen und Dekurionen, sowie die weiblichen Vorgesetzten sind ebenfalls dieser Versammlung beigezogen.

Hier debattirt man über die Staatsangelegenheiten und erwählt definitiv die obrigkeitlichen Personen, die vorher im großen Rathe nur vorgeschlagen worden waren.

Sol und die drei anderen Staatshäupter (die Triumviren) kommen täglich zusammen, um über die Vorkommnisse des Tages zu berathen, um die Ergebnisse der Wahlen zu berichtigen, zu bestätigen oder in Ausführung zu bringen, kurz, um alles vorzusehen, was der Augenblick gerade erfordert. Des Loses bedienen sie sich nicht, außer bei einem ganz zweifelhaften Wahlergebnisse.

Diese Obrigkeiten können nach dem Willen des Volkes gewechselt werden, mit Ausnahme der vier Höchsten, die nur nach vorheriger Berathung unter sich, allenfalls zu Gunsten eines Weiseren, Tauglicheren, Würdigeren als sie selbst sind, abdanken. Und so groß ist ihre Rechtschaffenheit und ihr Bestreben, sich zu vervollkommnen, daß sie in einem solchen Falle nicht zögern, ihrem Amte zu entsagen und sich gänzlich ihrem Nachfolger zu unterwerfen. Das ereignet sich aber nur höchst selten.

Alle Häupter der Wissenschaft unterstehen selbst wieder dem Triumvir Weisheit, neben dem Metaphysikus, der, wie ein Baumeister über die betreffenden Arbeiten, so über alle Wissenschaften gesetzt ist, denn er würde sich schämen, irgend etwas von dem, was der Mensch überhaupt in den Bereich seines Wissens bringen kann, etwas nicht zu wissen. Nach ihm hat also ganz speziell »Weisheit« die Vorsteher jedes Wissenszweiges unter sich, nämlich den Grammatiker, den Logiker, den Physiker, den Arzt, den Politiker, den Sittenlehrer, den Nationalökonomen, den Astrologen, den Astronomen, den Geometer, den Kosmographen, den Musiker, den Professor der (perspektivischen) Zeichenkunst, den Arithmetiker, den Rhetor, den Maler, den Bildhauer.

Unter dem Triumvir »Liebe« stehen die Obrigkeiten, die mit den Angelegenheiten der Zeugung, der Erziehung, der Gesundheitspflege, der Bekleidung, des Ackerbaues, der Viehzucht, der Mästung der Thiere, der Kochkunst etc. betraut sind.

Unter dem »Macht« stehen die Obrigkeiten, die mit der Strategie, der Lagerkunst, der Schmiedekunst, der Arsenalverwaltung, mit der Leitung des Spionirwesens, des Remontewesens, der Fechtkunst, des Reiterei-, Infanterie-, Artillerie- und Schleuderwesens betraut sind; endlich der Provinzialpräfekt. Diese alle haben wieder Spezialchefs unter sich.

DER GROSSMEISTER. Und was hast du mir von den Richtern zu erzählen?

DER GENUESE. Ich war eben im Begriffe, es zu thun. Jeder Einzelne steht unter der unmittelbaren Gerichtsbarkeit des Vorgesetzten seines Berufszweiges. Daher sind die über jede Tätigkeit gesetzten Obrigkeiten die Richter aller ihrer Untergebenen; sie verhängen die Strafe der Verbannung, der Peitschung über sie, sprechen Rügen aus, entziehen ihnen den gemeinsamen Mittagstisch, schließen sie vom Besuche des Tempels, vom Umgange mit dem weiblichen Geschlechte aus.

Hat ein Solarier vorsätzlich Jemand getödtet oder verwundet, so wird das Wiedervergeltungsrecht an ihm geübt, d.h. der Tod, wenn er getödtet hat; man beraubt ihn eines Auges, wenn er einem Andern ein Auge ausgeschlagen hat, oder der Nase u.s.w. Ein mildernder Umstand für den Ausfall der Strafe ist es, wenn die That nicht beabsichtigt gewesen, wenn sie z.B. in einem

Streite vorgefallen ist. Eine solche Herabsetzung der Strafe kann übrigens nur vom Metaphysikus (Sol) ausgehen, nicht vom Richter. Sogar von der Instanz der Triumvirn kann an den Sol appellirt werden, nicht, daß er die Strafe ändere, sondern daß er Begnadigung übe, wenn es ihn gut dünkt. Ihm allein steht dieses Recht zu.

Es gibt keine Gefängnisse in der Sonnenstadt, mit Ausnahme eines Haftthurmes, worin die Rebellen, die Kriegsgefangenen u.s.w. eingesperrt werden.

Schriftliche Anklage – was man Prozeß nennt – gibt es nicht, sondern die Klage wird mündlich vor dem Richter erhoben, der die Zeugen abhört und dann die Antwort des Beklagten entgegennimmt und auf der Stelle freispricht oder verurtheilt. Appellirt der Beklagte an den Triumvir, so erfolgt seine Freisprechung oder Verurtheilung am nächsten Tage.

»Macht« ist bei den Verhandlungen stets zugegen. Am dritten Tage aber begnadigt entweder Sol oder daß Urtheil erlangt unanfechtbare Rechtskraft. Der schuldig Befundene muß sich in diesem Falle mit dem Kläger und den Zeugen versöhnen, indem er ihnen, gleichsam als den Aerzten seiner Krankheit, Kuß und Umarmung gibt.

Jeder zum Tode Verurtheilte stirbt nur durch die Hand des Volkes, durchs Schwert oder Steinigung, womit der Ankläger und die Zeugen den Anfang machen. Henker und Lictoren gibt es nicht, damit die Solarier durch die Nähe solcher Personen nicht befleckt werden.

Manchmal erhält ein Verurtheilter die Erlaubniß, sich selbst den Tod zu geben. In diesem Falle umgibt er sich rings mit kleinen Pulversäcken und zündet diese, nachdem er ermahnt worden, standhaft zu sterben, selbst an und verbrennt.

Die ganze Stadt bricht in Wehklagen aus und betet zu Gott, auf daß er wieder besänftigt werde, denn die Solarier sehen es als ein Zeichen seines Zornes an, wenn sie in die Zwangslage versetzt werden, ein brandiges Glied vom Körper des Gemeinwesens abtrennen zu müssen.

Uebrigens wird das Todesurtheil an keinem Verurtheilten vollzogen, als bis dieser selbst durch überlegene Gründe zu der Ueberzeugung gelangt ist, es sei nöthig, daß er sterbe, und bis er dahingebracht worden ist, selbst die Vollziehung des Todesurtheils zu wünschen.

Ist ein Verbrechen, sei's gegen die Freiheit des Gemeinwesens, sei's gegen Gott, sei's gegen die höchsten Obrigkeiten, begangen worden, so erfolgt die Hinrichtung unverzüglich, ohne Begnadigung.

Nach ihren Religionsgrundsätzen führt man den Frevler, der sterben muß, vor das versammelte Volk und zwingt ihn, die Gründe anzugeben, die zu seiner Freisprechung führen könnten, und die unbekannten Missethaten derjenigen, die nach seiner Meinung die gleiche Strafe verdienten. Er muß zugleich eine Anklage gegen die obrigkeitlichen Personen erheben, die, seinem Gewissen zufolge, ebenfalls die Todesstrafe erleiden müssen.

Werden seine Gründe triftig befunden, so begnügt man sich damit, ihn zu verbannen, und die ganze Stadt betet zu Gott, er möge seinen Zorn besänftigen, und bringt ein Sühnopfer dar.

Die von dem Schuldigen zur Anzeige Gebrachten werden übrigens nicht weiter beunruhigt, sie erhalten nur eine Rüge.

Vergehen, die einer Schwäche oder der Unwissenheit entstammen, werden nur durch eine Rüge bestraft, sowie durch die Verpflichtung, die man dem Schuldigen auferlegt, sich größerer Enthaltsamkeit oder Mäßigung zu befleißigen, oder sich emsig auf das Gewerbe oder die Wissenschaft zu verlegen, die oder das sie vernachlässigt haben.

Die Solarier verkehren mit einander in einer Weise, daß man sie gleichsam für Glieder desselben Leibes halten könnte.

Du mußt auch noch wissen, daß, wenn sich Einer eines geheimen Fehltrittes anzuklagen gesonnen ist, und der Anklage von außen zuvorkommend, selbst nach seiner Bestrafung verlangt, so wird die Strafe, die ihn getroffen hätte, wenn er nicht gestanden hätte, von der Obrigkeit, der er untersteht, in eine andere umgewandelt.

Man ist auch sehr auf der Hut, daß Niemand einer verleumderischen Anklage zum Opfer falle. Der überführte Verleumder wird nach dem Wiedervergeltungsrechte gestraft, d.h. es trifft ihn die Strafe, die bereits über den Verleumdeten verhängt worden war.

Da die Solarier nie allein sind, sondern stets in Gruppen gesellig vereinigt, so bedarf es fünf Zeugen, damit eine Anklage gültig sei. Mangels Zeugen läßt man ihn auf seinen Reinigungseid hin, frei, indem man ihn aber verwarnt. Wird dieselbe Anklage zwei- oder dreimal gegen Jemand erhoben, so bedarf es nur zweier oder dreier Zeugen damit er zum doppelten Strafmaße verurtheilt werde.

Ihre Gesetze, nur wenige an Zahl kurz und klar, sind auf ehernen Tafeln verzeichnet, die in den Zwischenräumen des Tempels angebracht sind, d.h. an den Säulen des Tempels hängen. An einzelnen Säulen finden sich Definitionen des Wesens der Dinge in höchst knappem metaphysischen Stile, nämlich was Gott, ein Engel, die Welt, ein Stern, der Mensch, das Schicksal, die Tugend ist u.s.w.; Alles das ist sehr weise dargelegt. Dort sind auch die exakten Definitionen aller Tugenden gegeben, deren jede ihren eigenen Richter hat; jeder dieser Richter hat seinen Sitz, Tribunal genannt, unter der Säule, auf der die Definition der Tugend, über die er Richter ist, angebracht ist. Dort sitzt er, während er Recht spricht. Sie setzen sich, wenn sie einen Spruch zu fällen haben, auf diesen Stuhl und sprechen zum Angeklagten: »Mein Sohn, du hast dich gegen die geheiligte Definition der Wohlthätigkeit, der Großmuth, u.s.w. versündigt, lies!« Dann verurtheilen sie den Angeklagten, nachdem sie ihn gehört haben, zu der Strafe, die er verwirkt hat, je nachdem er es an Wohlthätigkeit, an Würde, an Demuth, an Dankbarkeit u.s.w. hat fehlen lassen. Diese Verurtheilungen sind Vorbeugungsmittel für die Zukunft und mehr Zeichen väterlicher Freundschaft als Züchtigungen.

DER GROSSMEISTER. Nun ist es aber Zeit, daß du von den Priestern, den Opfern, von der Religion und dem Glauben dieses Volkes erzählst.

DER GENUESE. Sol selbst ist der höchste Priester der Solarier und alle Obrigkeiten, insbesondere die höchsten sind Priester und ihr Amt ist, die Gewissen von jedem Fehl zu reinigen. Alle Solarier beichten im Geheimen ihre Sünden der Obrigkeit, ganz so wie es bei uns geschieht. Diese reinigt die Seele von Sünde und weiß so, welche Vergehen und Verfehlungen im Volke besonders häufig vorkommen. Die geheiligten obrigkeitlichen Personen selbst beichten wieder den drei höchsten Personen im Staate (den Triumvirn) ihre Sünden, aber auch fremde, ganz im Vertrauen, ohne Jemand namhaft zu machen, nur so ganz im Allgemeinen, insbesondere die schwereren und dem Gemeinwesen schädlichen Versündigungen dem Sol, der somit weiß, von was für Gebrechen das Gemeinwesen heimgesucht ist und geeignete Abhilfe trifft. Dann bringt er Gott ein Opfer dar und sendet Gebete zu ihm empor, oder vorher bekennt er in öffentlicher Beichte im Tempel Gott die Sünden des ganzen Volkes, so oft eine Entsündigung desselben noth thut, aber immer ohne Namen zu nennen. Dann spricht er das Volk los, indem er es ermahnt, nicht wieder in die alten Sünden zurückzufallen, und beichtet schließlich mit lauter Stimme die eigenen, worauf er ein Opfer bringt, auf daß Gott dem Gemeinwesen vergebe, daß er das Volk erleuchte und beschirme.

Einmal im Jahre kommen die Häupter der den Solariern unterworfenen Städte herbei, um dem Sol Beichte für die von ihnen regierten Völker abzulegen. So lernt er die Uebelstände in den Provinzen kennen und ist im Stande, mit allen weltlichen und geistlichen Mitteln bessernd einzugreifen.

Das Opfer vollzieht sich in folgender Weise. Sol hält im versammelten Volke Umfrage, wer sich für seine Mitbrüder zum Opfer bringen wolle, und der heilig Reinste bietet sich selber dar. Sodann legt man diesen nach gewissen Gebeten und Ceremonien auf eine viereckige Tafel, die an jeder der vier Ecken Stricke hat, die in vier Oefen gehen und von einem im Mauerwerk der kleinen Kuppel befestigten Flaschenzuge hinablaufen. Man bittet den barmherzigen Gott, er möge geruhen, dieses Menschenopfer wohlgefällig anzunehmen. Die Solarier opfern nämlich nicht, wie die Heiden, Thiere, weil das unfreiwillige Opfer sind. In dem für das Opfer bestimmten Zeitpunkte befiehlt Sol die Tafel emporzuziehen und das Opfer schwebt alsbald unter der kleinen Kuppel. Jetzt verrichtet die Person, die sich zum Opfer angeboten hat, inbrünstige Gebete. Die Priester, deren Zellen ringsherum um diese Kuppel gebaut sind, reichen ihm zu einem Fenster hinaus Nahrung, aber nur in sehr kleinen Portionen, so lange bis die Sühnung vollzogen. Nach zwanzig oder dreißig Tagen freiwilligen Fastens, wenn man glaubt, der Zorn Gottes sei besänftigt, wird der Büßer Priester, oder er kehrt, wenn auch sehr selten, zu seinen Mitbürgern zurück, indem er auf der Außenseite des Tempels bei den Priesterzellen wieder herabsteigt. Er wird von seinen Mitbürgern für den Rest seines Lebens hochgeachtet, ja mit Ehrfurcht betrachtet, weil er sich Gott selbst zum Opfer dargeboten hat, nur daß Gott niemals Opfertod will.

Vierundzwanzig Priester wohnen in den Nebengebäuden des Tempels; sie singen viermal des Tages Psalmen, Mittag, Mitternacht, Morgens und Abends. Es ist zugleich ihres Amtes, die Sterne zu beobachten, ihre Bewegungen mittelst des Astrolabiums aufzunehmen und ihren Einfluß auf die menschlichen Dinge und ihre verschiedenen Wirkungen zu studieren. Sie wissen auch stets, was für Naturereignisse in den verschiedenen Theilen des Weltalls vor sich gegangen sind oder eintreten werden, sowie auch den ganz genauen Zeitpunkt, wann solche bevorstehende Ereignisse eintreten müssen; sie senden Kundschafter aus, die das Resultat ihrer eigenen Beobachtungen bestätigen müssen, um zu erfahren, worin sie das Richtige getroffen oder sich geirrt haben, um danach ihre Berechnungen durch der Letzteren Erfahrungen zu berichtigen.

Die Priester haben auch den Zeitpunkt der geschlechtlichen Vereinigung, der Aussaat und Ernte, sowie der Weinlese zu bestimmen; sie sind die Dolmetscher und Vermittler, das lebendige Band zwischen Gott und den Menschen.

Der Metaphysikus (Sol) wird gewöhnlich aus ihnen gewählt. Sie schreiben in der Einsamkeit wunderbare Dinge und vertiefen die Wissenschaften. Sie kommen aus ihren Zellen nur zu den Mahlzeitszeiten herab und pflegen geschlechtlichen Umgang mit den Weibern nur aus Gesundheitsrücksichten.

Sol stattet den Priestern alle Tage Besuche ab und unterhält sich mit ihnen über das, was sie etwa Neues, zunächst zum Wohle der Stadt, sodann zum Besten der Nationen der ganzen Welt, entdeckt haben.

Ein Solarier bleibt beständig vor dem Altar im Innern des Tempels. Er wird alle Stunden abgelöst, wie das bei uns bei dem feierlichen vierzigstündigen Gebet der Fall ist. Diese Art des Gebetes heißt bei ihnen das ununterbrochene Opfer.

Nach eingenommenem Mahle danken sie Gott in den Tönen der Musik und singen Lobgesänge zum Preise Gottes, darauf folgen scenische Darstellungen aus dem Leben christlicher, jüdischer, heidnischer Heroen, überhaupt welcher Nationen immer, denn Neid und Schelsucht (nationaler Art) sind in dieser glücklichen Stadt unbekannt, sie schöpfen lediglich Genuß daraus.

Sie singen Hymnen zu Ehren der »Liebe«, der »Weisheit«, die jede Tugend repräsentirt, den Gesang dirigirt.

Dann sucht sich Jeder eine Frau aus, die ihm die liebste ist, und es werden wohllehrbare und graziöse Tänze in den Peristylen aufgeführt.

Die Frauen haben langes Haar, das sie in einen einzigen Knoten oben auf dem Kopfe zusammenfassen. Die Männer scheren sich das Haupthaar ab und lassen nur eine einzige dünne Strähne mitten auf dem ringsgeschorenen Schädel stehen. Als Kopfbedeckung tragen sie einen Schleier und darüber eine runde Kapuze, die nur wenig größer ist als die Kopfform. Im Freien haben sie Hüte auf, zu Hause weiße oder rothe oder andersfarbige Barette, Jeder nach seinem Gewerbe oder Amte. Die der Obrigkeiten sind größer und prächtiger.

Die Solarier feiern vier große Feste, und zwar wenn die Sonne in die Zeichen des Krebses, der Waage, des Steinbocks und des Widders tritt. Zu diesen Zeiten werden sehr schöne und sinnig erfundene Dramen ausgeführt.

Neumond und Vollmond sind allemal Festtage für sie, sowie auch der Jahrestag der Gründung der Stadt und der ihrer verschiedenen Siege u.s.w. Dann erschallt Musik, worein sich Frauengesang mischt, Trompeten, Posaunen und Trommeln machen die Luft von ihren schmetternden Tönen widerhallen, Kanonenschüsse werden gelöst. Die Dichter feiern die großen Feldherren und ihre Heldenthaten. Wer aber, auch zu Gunsten eines Heros, lügenhaftes Lob vorbringt, wird bestraft. Dieser mit der Poesie getriebene Mißbrauch erscheint ihnen geradezu verderblich, weil er geeignet ist, tugendreichen Männern das Lob zu entziehen, um es oft recht lasterhaften

Menschen, sei's aus Furcht vor ihnen, sei's aus Schmeichelei, sei's aus ehrgeiziger Intrigue oder auch aus Habsucht zuzuwenden.

Ein Standbild wird Niemand bei seinen Lebzeiten errichtet. Immerhin aber werden in das Buch der Heroen die Namen Derjenigen eingetragen, die nützliche Entdeckungen gemacht und dem Gemeinwesen große Dienste geleistet haben, sei's in der Stadt selbst, sei's beim Heere.

Aus Furcht vor der Pest und damit nicht etwa eine Gelegenheit zu möglichem Götzendienst geboten werde, beerdigt man die Leichen nicht, sondern verbrennt sie, weil das Feuer ein edles Element ist, das wieder in die reinen Regionen der Sonne zurückkehrt, von wannen es zur Erde herniedergestiegen ist.

Man hebt indessen Bildsäulen und Bildnisse großer Männer auf, um, wie schon berichtet, den Blicken schöner Frauen ausgesetzt zu werden, von denen der Staat auf eine schöne Nach-kommenschaft hofft.

Die Gebete werden abwechselnd mit dem nach den vier Weltgegenden gekehrtem Gesich-te verrichtet, und zwar des Morgens gegen Osten, darauf gegen Westen, sodann gegen Süden und zuletzt gegen Norden. Am Abend aber in umgekehrter Folge zuerst gegen Westen, darauf gegen Osten, sodann gegen Norden und zuletzt gegen Süden. Sie beten stets nur ein und das-selbe Gebet, worin sie um gesunden Körper und gesunden Geist und ein seliges ewiges Leben, zunächst für sich, sodann aber auch für alle Völker, flehen. Der Schluß lautet, daß sie Gott bitten, er möge thun, wie es ihm wohlgefällt! Das öffentliche Gebet ist wortreicher und wird in den weiten Himmelsraum hineingesprochen.

Der Altar ist kreisrund, man kommt auf vier sich rechtwinklig schneidenden Wegen zu ihm. Sol beschreitet alle vier und betet mit zum Himmel emporgewandten Augen. Diese Ceremonie gilt den Solariern als ein großes Mysterium.

Die hohenpriesterlichen Gewande sind von wunderbarer symbolischer Schönheit, wie die des Aaron.

Die Zeit theilen sie nach dem tropischen, nicht bloß nach dem siberischen Jahr ein. Sie noti-ren aber jährlich, um wie viel jenes diesem vorauseilt. Sie glauben, daß sich die Sonne beständig der Erde nähere, und, immer engere Bahnen durchlaufend, die Wendekreise und die Aequinoc-tien früher erreicht als im vergangenen Jahre. Die Monate werden nach dem Mondlaufe, die Jahre aber nach dem Sonnenlaufe gerechnet. Diese beiden Methoden zu zählen oder zu rechnen stimmen erst wieder im neunzehnten Jahre überein, wenn der Kopf des Drachen seinen Lauf vollendet hat. Darum haben sie die neue Astronomie begründet. Sie loben den Ptolemäos und bewundern den Kopernikus, aber ziehen Philolaus und Aristarchos vor, aber, sagen sie, der Eine rechne mit Steinchen, der Andere mit Bohnen, Keiner mit den Dingen selbst; sie setzen daher nur imaginäres, nicht wirkliches Geld in Umlauf. Sie stellen daher eigene kühne Forschungen an, das sei zur Erkenntniß des Baues der Welt höchst nothwendig und um zu erfahren, ob sie untergehen werde oder nicht und wann. Sie glauben fest an die Prophezeiung von Jesus Chri-stus über die Anzeichen, die Sonne, Mond und Sterne geben werden, wenn der Weltuntergang herannaht, an die aber viele Narren nicht glauben, die daher der jüngste Tag überraschen wird, wie den Dieb die Nacht.

Die Solarier erwarten darum die Verjüngung der Welt und vielleicht auch ihr Ende. Sie be-haupten, es wäre höchst schwierig, zu entscheiden, ob die Welt aus dem Nichts geschaffen wor-den, oder aus den Trümmern anderer Welten, oder endlich aus dem Chaos hervorgegangen sei, aber sie halten es für wahrscheinlich, daß sie geschaffen sei und nicht von Ewigkeit an bestehe. Darum verachten sie den Aristoteles, den sie einen Logiker, nicht einen Philosophen nennen. Die Unregelmäßigkeiten der Bewegungen der Himmelskörper liefern ihnen mehrfach Gründe gegen den Bestand der Welt von Ewigkeit her. Sie verehren Sonne und Sterne als lebende Din-ge, wie lebendige Bildsäulen, Tempel und himmlische Altäre Gottes, aber sie beten sie nicht an. Sie verehren die Sonne vor allen geschaffenen Dingen, aber Anbetung erweisen sie keinem, als einzig Gott allein, denn sie fürchten das Wiedervergeltungsrecht, daß sie nämlich, wenn sie einem andern Wesen dienen würden, in Tyrannei und Elend geriethen. Sie erkennen und betrachten Gott in Gestalt der Sonne, die sie sein Ebenbild nennen, sein Angesicht, sein lebendiges Standbild, den ewigen Quell, aus dem er Licht, Wärme, Leben, Fruchtbarkeit, mit einem Worte alles erdenkliche Gute sich über uns ergießen läßt. Darum stellt ihr Altar die Sonne dar, darum beten die Priester Gott in der Sonne und in den Sternen an, die seine Altäre sind, und im Himmel, der sein Tempel ist. Sie rufen die Engel an, die in den Sternen wohnen, die ihre lebenden Wohnungen sind, als Fürsprecher bei Gott, der die ganze Glanzfülle, die ihm eignet, über den Himmel und am höchsten in die Sonne ergossen habe, die seine Trophäe, sein Standbild sei.

Die Solarier leugnen alle excentrischen Bahnen und Epicykeln des Ptolemäos und Kopernikus. Sie behaupten, es gebe nur den einen Himmel, die Planeten bewegten sich aus eigener Kraft in aufsteigender Richtung, sobald sie sich der Sonne nähern und mit ihr in Konjunktion treten. Daher, da ein immer größerer Kreis zu durchlaufen ist, so geht das Aufsteigen immer langsamer vor sich.

Sie nehmen zwei Grundursachen der irdischen Dinge an: die Sonne als Vater, die Erde als Mutter. Die Luft sei ein unreiner Theil des Himmels; das Feuer stamme aus der Sonne; das Meer ist der Schweiß der Erde oder ihr wässeriger Bestandtheil, erzeugt durch die Verbrennung und Schmelzung der Stoffe, die sie in ihrem Schoße birgt; es ist zugleich das Band, das die Luft mit der Erde verbindet, gerade so gut wie das Blut das verbindende Band der Lebensgeister und des Leibes ist.

Die Welt sei ein Thier von ungeheurer Größe, in dessen Innerm wir leben, wie die Würmer in unserem Unterleibe. Wir dürften nicht von Sonne und Sternen und der Erde abhängen, sondern von Gott allein, denn wir sind geboren und leben durch Zufall inmitten derselben, die sonst keine Bestimmung als ihr physisches Wachsthum habe, während Gott, dessen Werkzeuge sie doch nur sind, uns in seiner Allwissenheit und Weisheit zu einer großen Bestimmung geschaffen hat. So sind wir denn nur ihm Dank wie einem Vater schuldig und wir anerkennen, daß Alles von ihm allein kommt.

Die Unsterblichkeit der Seele begegnet bei den Solariern keinem Zweifel; sie gesellen sich nach ihrem Glauben nach diesem Leben den guten oder bösen Engeln, jenachdem sie hiernieden mehr den einen oder den anderen geähnelt haben, denn Aehnliches strebt immer zu Aehnlichem.

Die Solarier sind ungefähr derselben Ansicht wie wir über die Orte der jenseitigen Strafen und Belohnungen; sie bezweifeln, daß es andere Welten außer der unsrigen gebe. Aber für Thorheit erklären sie es, positiv zu behaupten, daß es außer unserem Weltall nichts gebe, denn, so sagen sie, ein Nichts gibt es weder in der Welt, noch außer der Welt; Gott, ein unendliches Wesen, ist mit dem Nichts unvereinbar. Daß es ein körperliches Unendliches gebe, leugnen sie freilich.

Sie stellen zwei metaphysische Grundprinzipien auf: Das Seiende, das Sein, d.i. Gott, das Oberste alles Seienden, aller Wesen, und das Nichts, der Mangel eines Seienden, die Grundbedingung alles Entstehenden, denn was schon ist, kann nicht erst entstehen, was also geschaffen wird, hat vorher nicht bestanden. So entsteht alles bestimmte Seiende aus dem Sein und aus dem Nichtsein.

Aus der Tendenz zum Nichtsein stammt das Uebel und die Sünde. Die Sünde hat keine bewirkende, sondern eine mangelnde (negative) Ursache. Mangelnde Ursache nennen sie den Mangel an Macht, an Wissenschaft oder Willen; die Sünde besteht in der That im Mangel an Willen; denn wer die Intelligenz und das Vermögen, Gutes zu thun, hat, muß auch den Willen dazu haben. Nun entspringt der Wille aus der Macht und aus dem Wissen, aber kann diese nicht umgekehrt erzeugen.

Staunenerregend ist, daß sie Gott, wie wir, in der Dreieinigkeit anbeten. Gott ist die höchste Macht, erklären sie; aus ihr geht die höchste Weisheit hervor, die wieder ein- und derselbe Gott ist und aus beiden zusammen geht die höchste Liebe hervor, die Macht und Wissen vereinigt; denn was aus einem Seienden hervorgeht, muß an der Statur dessen, aus dem es hervorgegangen, theilnehmen. Indessen, da ihnen keine Offenbarung, wie uns, zutheil geworden, so wissen sie die drei Personen Gottes nicht klar zu unterscheiden, aber sie wissen, daß eine Emanation und Beziehung Gottes aus und auf sich selbst stattfinde.

Also: alle Wesen, so viele ihrer immer sind, schöpfen ihre metaphysische Wesenheit aus Macht, Wissen und Liebe; und aus der Ohnmacht, Unwissenheit und Nicht-Liebe, sofern es sich um Nichtseiendes handelt.

DER GROSSMEISTER. Gott, welche Spitzfindigkeit!

DER GENUESE. O, wenn ich mehr Zeit hätte und mein Gedächtniß behaltsamer wäre, könnte ich dir noch wunderbarere Dinge erzählen, wenn ich mich aber nicht beeile, versäume ich die Abfahrt meines Schiffes.

DER GROSSMEISTER. Nun gut! Gib mir nur noch eine einzige Aufklärung über Religion: Was denken sie von dem Sündenfalle Adams?

DER GENUESE. Sie geben zu, daß eine große Verderbtheit in der ganzen Welt verbreitet ist, daß die Menschen nicht von solchen gediegenen Gesetzen regiert werden, wie sie existiren müßten, daß die Guten gequält, beleidigt und von den Bösen unter die Füße getreten werden. Aber was sie nicht zugeben, das ist das angebliche Glück der Letzteren, denn, sagen sie, das heißt nicht glücklich sein, seine Wesenheit unaufhörlich selbst zu vernichten, um als ein Anderer zu erscheinen, als der man wahrhaft ist, wie es die falschen Könige, die falschen Weisen, die falschen Helden, die falschen Heiligen thun, die, um sich ihre Stellung zu erhalten, beständig ihrer Individualität entsagen müssen. Daraus ziehen die Solarier den Schluß, daß eine große Verwirrung unter den Menschen aus irgend einer unbekannten Ursache entstanden sein müsse. Sie glaubten zuerst mit Plato, daß die Himmelskörper ursprünglich ihre Umdrehungen von dem heutigen Westen noch dem jetzt so genannten Osten zurückgelegt haben; heutzutage müsse dieser Lauf die gerade entgegengesetzte Richtung angenommen haben. Auch das hielten sie für möglich, daß die Angelegenheiten hiernieden von einer untergeordneten Gottheit geleitet werden, was die höchste Gottheit erlaubt habe; aber diese Ansicht erschien ihnen doch als zu absurd. Noch absurder freilich ist die Ansicht, Saturn habe zuerst mit höchster Weisheit regiert. Jupiter sodann minder gut und sodann immer schlechter die andern Planeten, obwohl sie doch annehmen, daß die Weltalter nach der Reihenfolge der Planeten geregelt sind und daß die Dinge alle tausend oder sechzehnhundert Jahre durch die Veränderung der Apsiden große Veränderungen erfahren.

Sie glauben vielmehr, daß unser Zeitalter unter dem Einflusse des Merkur stehe, wenn dieser auch von großen Konjunktionen gekreuzt wird und daß die Rückkehr der Anomalien einen verderblichen Einfluß habe.

Sie beneiden die Christen, die da glauben können, der bloße Sündenfall Adams habe eine so große Umwälzung und Störung herbeiführen können. Die Strafen für die Vergehen der Väter müßten auf die Kinder fallen, doch keineswegs diese Vergehen selber! Sie geben auch zu und sind ganz einverstanden damit, daß die Sünden der Kinder auf die Häupter der Väter zurückfallen, die nicht die auf die Kindererzeugung bezüglichen Gesetze befolgt oder die Erziehung und den Unterricht der Kinder vernachlässigt haben. Darum geben sie sich auch mit der Aufziehung der Kinder die größte Mühe, denn es ist zugleich ihre Ansicht, daß die Vergehen der Eltern und Kinder auch auf das Gemeinwesen schädigend zurückfallen, das seine Pflichten der Ueberwachung in diesem Punkte nicht erfüllt. Infolge dieser Vernachlässigung kommt eine wahre Flut von Uebeln über die Nationen, die sich solcher Unterlassung schuldig machen. Und was noch viel schlimmer ist, das ist, daß die Nationen einen solchen elenden Zustand Glück und Frieden nennen, weil sie die wahren irdischen Glücksgüter nicht kennen und in dem Wahne sind, daß der Zufall allein die Welt regiere. Wer aber, wie das bei den Solariern geschieht, den Bau der Welt studirt und die Anatomie des menschlichen Körpers (die sie sich an den Leichnamen hingerichteter Verbrecher aneignen), sowie die der Pflanzen und Thiere, der sieht sich gezwungen, die Weisheit und Vorsehung Gottes im höchsten Grade anzuerkennen. So sieht sich der Mensch in die Lage versetzt, sich ganz der Religion zu weihen und seinen Schöpfer anzubeten. Aber das fällt ihm durchaus nicht so leicht, wenn er Gott nicht in seinen Werken aussucht, erkennt und bewundert und indem er seine Gesetze streng befolgt und sich an die Philosophie hält, die ihm sagt: Thu' Andern nicht an, was du nicht willst, daß dir angethan werde. Wir, die wir von unsern Kindern und von unserem Nächsten verlangen, daß sie uns ehren und das wenige Gute, das wir ihnen erwiesen, vergelten, – welche Ehrfurcht, welche Dankbarkeit schulden wir dann erst Gott, der uns Alles gegeben hat, der uns zu dem gemacht hat, was wir sind, in dem wir leben, weben und sind. Lob und Preis ihm von Ewigkeit zu Ewigkeit!

DER GROSSMEISTER. Wahrlich, diese Leute, die nichts Anderes als das Naturgesetz kennen, kommen dem Christenthum erstaunlich nahe, das übrigens dem Naturgesetz kaum etwas hinzugefügt hat als höchstens die Sakramente, welche nur dazu helfen, die Gesetze der Natur getreulich zu befolgen – und daraus schöpfe ich ein kräftiges Argument zu Gunsten der christlichen Religion, die die einzig wahre ist und, nach Beseitigung der eingeschlichenen Mißbräuche über den Erdkreis herrschen wird und zu herrschen verdient, wie die ausgezeichnetsten Theologen lehren und hoffen. Zu diesem Behufe, heißt es, hätten die Spanier einen neuen Welttheil entdeckt (obwohl der eigentliche erste Entdecker Columbus, unser gewaltiger Heros von Genua ist), damit alle Nationen unter einem einzigen Gesetze vereinigt würden. So werden die Philosophen des Sonnenstaates die von Gott erwählten Männer sein, für die Wahrheit Zeugniß abzulegen. So wissen wir denn selbst nicht, was wir thun, aber als seine blinden Werkzeuge dienen wir alle Gottes Zwecken, auch diejenigen, die aus Habgier nach Schätzen auf die Entdeckung neuer Länder ausgehen. Aber Gott führt sie zu einem höheren Ziele. Die Sonne würde nur die Erde versengen, ihr kam es nicht darauf an, Menschen und Pflanzen zu erzeugen, aber Gott bedient sich des Kampfes zwischen der Sonne und der Erde, um Lebewesen zu erschaffen. Lob und Preis ihm!

DER GENUESE. O, wenn Du erst wüßtest, was sie von der Astrologie gelernt haben und von unsern Propheten über das kommende Jahrhundert! Unser Jahrhundert habe mehr Geschichte, Erlebnisse, Ereignisse, als die ganze Welt zusammengenommen in viertausend Jahren, daß in diesem Jahrhundert mehr Bücher das Licht der Welt erblickt haben, als in fünftausend Jahren vorher. Sie bewundern unaufhörlich die Erfindung des Buchdrucks, des Schießpulvers und des Kompasses, Zeichen und Werkzeuge der Vereinigung der ganzen Welt in einem Schafstall.

Diese wunderbaren Erfindungen sind, behaupten sie, unter dem Einflusse des Mondes und des Mars gemacht, als gerade eine große Konjuktion stattfand im Dreieck des Krebses, in der Apsidenlinie des Merkur, der gerade das Zeichen des Skorpions durchlief, worin jene Gestirne (Mond und Mars) geradezu allmächtig sind, um neue Seereisen, neue Reiche, neue Waffenthaten zu inauguriren. Aber sobald die Apsidenlinie des Saturn in das Zeichen des Steinbocks eintritt, die des Merkur in das Zeichen des Schützen, die des Mars in das Zeichen der Jungfrau, so werden nach den ersten großen Konjunktionen und dein Erscheinen eines neuen Sternes in der Kassiopeia die Gesetze und Künste erneuert werden, neue Propheten werden auferstehen und Christenthum wird triumphiren. Aber vorher wird viel, gar viel umgestürzt und ausgerottet werden müssen, bevor es ans Bauen und ans Neupflanzen geht. Lebe wohl, mein Schiff erwartet mich!

Noch will ich dir mittheilen, daß die Solarier Mittel erfunden haben, sich in die Luft zu erheben; das ist die einzige Kunst, die ihnen noch fehlte. Bald hoffen sie auch neue Ferngläser zu erfinden, mittels welcher sie neue unbekannte Sterne entdecken werden und Hörrohre, die ihnen die Harmonie der Sphären zu vernehmen gestatten werden.

DER GROSSMEISTER. Wie? Ah, ah, ah! Das sind freilich wunderbare Dinge, so schön anzuhören! Aber wie kann der Krebs, das weibliche Zeichen des Mondes und der Venus, in der wässerigen Luft wirken? Und wie können die Sterne das Alles wissen und bewirken? Ereignet sich doch Alles in der von Gott festgesetzten Ordnung. Die Solarier treiben zu viel Astrologie.

DER GENUESE. Das haben sie mir auch geantwortet, daß Gott nämlich unmittelbar die Ursache aller Dinge sei, aber Ursache nur im Allgemeinen, nicht im Besondern, die primitive, nicht die sekundäre Ursache. D.h. zum Beispiel: Gott ißt nicht, weil Petrus ißt, er stiehlt nicht, dieweil Petrus stiehlt, wenn auch die Fähigkeit, essen und stehlen zu können, von ihm als unmittelbarer Ursache ausgeht, vor der keine andere zu denken ist, von der vielmehr jede andere, immer mehr sich differenzirende besondere abhängt, welche die Unendlichkeit der göttlichen Handlungsfreiheit immer mehr ins spezielle modifizirt.

DER GROSSMEISTER. Oh! wie trefflich sie argumentiren! Unsere scholastischen Gelehrten und insbesondere der heil. Thomas sagen ganz dasselbe gegen die muhammedanischen Philosophen, die sich zu der entgegengesetzten Ansicht bekennen, nämlich daß die primäre Ursache unmittelbarer wirke als die sekundäre.

DER GENUESE. Die Solarier stellen also auf, daß Gott für jede Wirkung allgemeine und besondere Ursachen festgesetzt habe und daß die besonderen nicht wirken können, wenn die allgemeinen unwirksam sind. So zum Beispiel blüht also eine Pflanze nicht, wenn die Sonne nicht vorher erwärmend wirkt. Die Jahreszeiten sodann sind die Wirkungen der allgemeinen Ursachen, d.h. der himmlischen; was wir thun, thun wir Alles unter der Einwirkung des Himmels.

Die willkürlichen Ursachen verfahren mit der Zeit nach Belieben, z.B. mit Feuer (d.i. mit künstlicher Wärme) zwingt der Mensch den Baum zu blühen; mit der Laterne erleuchtet er, wenn die Sonne nicht leuchtet. Die natürlichen Ursachen dagegen sind an die Zeit gebunden. Dies geschieht am Tage, Jenes in der Nacht, das Eine im Winter, das Andere im Sommer, dies im Frühling, dies im Herbste, in diesem oder in einem nächsten Jahrhundert.

Und sowie die willkürliche Ursache nicht gezwungen werden kann zu schlafen, sobald es Nacht wird, oder aufzustehen, sobald der Tag kommt, sondern ganz nur wirkt, wie es ihr paßt, so kann sie auch nicht gezwungen werden, ein Schießgewehr oder den Buchdruck zu erfinden, wenn große Konjunktionen im Krebs stattfinden, oder eine neue Monarchie, wenn sich eine solche im Widder ereignet u.s.w.

Die Solarier können durchaus nicht glauben, daß der Papst den hochgebildeten Christen die Astrologie verboten habe, es sei denn der Mißbrauch derselben, den Verschiedene mit ihr treiben, indem sie mittels ihrer Handlungen der freien Willkür übernatürliche Ereignisse errathen wollen, während die Sterne in Bezug auf die natürlichen nur allgemeine Ursachen sind, bloße Veranlassungen, Gelegenheiten darstellen, Ausmunterungen erhalten u.s.w.

So zwingt uns z.B. die ausgehende Sonne nicht zum Aufstehen, sondern lädt uns bloß dazu ein, indem sie uns allerlei Annehmlichkeiten bietet, während die Nacht dem Aufstehen nur Unannehmlichkeiten entgegensetzt, dagegen zum Schlafen verlockt.

Indem die allgemeinen Ursachen nur mittelbar und zufällig auf den freien Entschluß und die körperlichen Sinne einwirken, wird der Geist zur Liebe, zum Hasse und zu allen anderen Leidenschaften angeregt; es steht sodann aber immer noch im Belieben des Menschen, sich der Leidenschaft zu überlassen, d.h. zu der Anregung und Verlockung seiner Zustimmung zu geben, oder ihr zu widerstehen.

Daher treffen die von den Sternen im voraus angezeigten Ketzereien, Kriege, Hungersnöthe auch in Wirklichkeit oft ein, weil so viele Menschen sich nicht von der Vernunft, sondern von den sinnlichen Lüsten leiten lassen, wodurch sie gerade Gelegenheit geben, daß derlei Dinge sich ereignen, die gegen die Vernunft angehen, wenn sie auch oft genug erfolgen, weil einer Leidenschaft mit Vernunft gedient worden ist, z.B. wenn man einen gerechten Zorn hegt, der dazu führt, einen gerechten Krieg zu unternehmen.

DER GROSSMEISTER. Du argumentirst vortrefflich und mit Dir stimmen der schon erwähnte heil. Thomas und seine Heiligkeit, unser Papst, überein, welche die Astrologie für die Zwecke der Heilkunst, des Ackerbaues und der Schifffahrt erlauben; und sämmtliche Scholastiker lassen daher auch Vorhersagungen infolge gewisser Anzeichen gelten, aber der daraus erfolgten Mißbräuche wegen verboten sie dieselben im Uebrigen, nicht weil sie immer falsch, sondern weil sie meistens oder immer gefährlich sind. Fürsten und Völker, die der Astrologie zu viel Spielraum gestatten, sinnen viel Böses und jagen unmöglichen Gütern nach, wie es die Beispiele von Arbaces, Agathokles, Drusus, Achelaos zeigen, und was noch viel trauriger, viele Fürsten, bethört von Betrügern und allzu leichtgläubig, wagen, auf solche Muthmaßungen gestützt, reichliches Unrecht gegen unsere Päpste zu begehen.

DER GENUESE. Die Solarier wollen falsche astrologische Deutungen verboten wissen, da sie auch ein gefährliches Werkzeug zur Erneuerung des Götzendienstes, zur Vernichtung der

Freiheit oder zum Umsturz der staatlichen Ordnung sein können. Die Solarier verstehen es auch, ein schlimmes Geschick, das von den Sternen droht, abzuwenden, denn Gott hat uns jede Kunstfertigkeit nur zu unserm Vortheil verliehen; wenn also etwa eine unheilvolle Sonnenfinsterniß bevorsteht, ein bösartiger Komet u.s.w., so sperren sie den dadurch Bedrohten in weiße Häuser ein und schwängern die Luft mit Wohlgerüchen und aufgesprengtem Rosenessig, zünden sieben mit aromatischen Stoffen gemischte Wachsfackeln an, machen heitere Musik und halten heitere Gespräche, wodurch die pestilenzalischen Keime, die vom Himmel ausgeströmt sind, vertrieben und verflüchtigt werden.

DER GROSSMEISTER. Das sind Alles treffliche Heilmittel; der Himmel wirkt auf die Körper ein; da machen sich auch Gegengifte als Korrektive nöthig. Nur gefällt es mir nicht, daß es auf die Anzahl der Kerzen ankommt; das riecht gar sehr nach Aberglauben.

DER GENUESE. Gewiß legen sie auf die Zahl großen Werth und stützen sich dabei auf die Lehre des Pythagoras, ich weiß nicht, ob in abergläubischer Weise, aber nicht lediglich auf die Zahl, sondern auf die Heilwissenschaft in Verbindung mit der Zahl.

DER GROSSMEISTER. Darin erblicke ich keinen Aberglauben, denn ich kenne keinen Kanon, noch sonst eine kirchliche Schrift, welche sich gegen die Kraft der Zahlen ausspräche; bedienen sich ihrer doch auch die Aerzte im Verlaufe und in den Krisen der Krankheiten. Ueberdies steht geschrieben: Gott hat alle Dinge mit Hilfe von Zahl, Maß und Gewicht gemacht: in sieben Tagen schuf er die Welt; es gibt sieben Posaunen blasende Engel, sieben Leuchter, sieben Siegel, sieben Sakramente u.s.w., u.s.w. Daher haben auch der heilige Augustinus, der heilige Hilarius und Origenes den Werth der Zahlen, insbesondere über die Sechs- und Siebenzahl, geschrieben.

Ich möchte daher die Solarier keineswegs deswegen verdammen, weil sie sich als Aerzte nach den himmlischen Zeichen richten und die freie Willensäußerung vertheidigen.

So sind denn auch die sieben Fackeln Symbole der sieben Planeten des Himmels, wie die sieben Lampen des Moses, und Rom hat entschieden, daß es nicht Aberglaube sei, wenn nur nicht den bloßen abstrakten Zahlen eine wirksame Kraft beigelegt wird, sondern zugleich den Dingen, die mittels der Zahlen gezählt werden. Wenn die natürliche Kraft des Rhabarbers aus Unwissenheit dem Blätterschwamm beigelegt wird, so ist das kein Aberglaube, wenn aber dem Blätterschwamm oder einer Zahl göttliche Kraft beigelegt wird, so ist das Aberglaube. – Aber jetzt nimm das unterbrochene Gespräch wieder auf.

DER GENUESE. Die Solarier glauben also, daß die weiblichen Himmelszeichen Fruchtbarkeit in die Gegenden bringen, wo ihr Bereich ist, weswegen auch eine schwächere Regierung in geringeren Angelegenheiten waltet, indem sie Vortheile und Nachtheile bringen und nehmen; neue Amazonen sind zwischen Nubien und Monomotapa erstanden und in Europa hat in der Türkei eine Russin, eine Bona in Polen, eine Marie in Ungarn, eine Elisabeth in England, eine Katharina in Frankreich, eine Bianka in Toskana, eine Margaretha in Belgien, eine Maria in Schottland, eine Isabella (die bei der Entdeckung der Neuen Welt betheiligt war) in Spanien regiert.

Auch beginnt ein großer Dichter unserer Zeit mit dem Preise der Frauen.

»Ich singe die Frauen, die Ritter, die Waffen, die Liebschaften u.s.w.«

Und die verwünschten Dichter und die Ketzer sprechen unter der Einwirkung des Triangels des Mars und unter dem Einflusse von Venus und Mond fast nur noch von schlüpfrigen Dingen und die Männer werden in Handlungen und Worten immer mehr verweichlicht und sagen zueinander »Euer Gnaden«.

In Afrika, wo der Krebs und Skorpion herrschen, abgesehen von den Amazonen, findet man in Fez und Marokko öffentliche Männerbordelle und viele andere schändliche Dinge, wozu ja das Klima einladet, aber keineswegs zwingt.

Nun haben der Triangel des Krebses (denn er ist im Wendekreise und im Apogäum des Jupiter, der Sonne und des Mars, welche drei Punkte ein Dreieck bilden) einerseits und andererseits Mond, Mars und Venus die Entdeckung neuer Reiche, sowie die Weltumsegelung, so die Herrschaft der Weiber begünstigt; Merkur und Mars sodann die Erfindung der Buchdruckerkunst und die Feuerwaffen, abgesehen davon, daß sie Ursache oder vielmehr Veranlassung zur verbessernden Umwandlung der Gesetze sind, immer unter der Leitung Gottes, der stets zu unserem Besten geneigt ist. Wir vereiteln nur gar häufig diese seine Neigung.

Die Solarier erzählten mir wunderbare Dinge von der Uebereinstimmung der himmlischen Vorgänge mit den irdischen und moralischen Angelegenheiten, von der Ausbreitung des Christenthums in der Neuen Welt und von seinem festgegründeten Bestande in Italien und Spanien. Und wie es im nördlichen Deutschland, in England, in Skandinavien, Ungarn erschüttert worden und ins Schwanken gekommen, worüber ich nicht näher sprechen will, weil es unser weiser Papst aus triftigen Gründen verboten hat.

Nur das will ich noch erwähnen, daß die Solarier auch schon die Kunst des Fliegens erfunden haben unter dem Einfluß des Mondes und des Merkur, denn was diese Gestirne in unseren wasserreichen Gegenden zu Gunsten der Schwimmkunst vermögen, das vermögen sie in den Aequatorgegenden über den Flug in den Lüften durch deren so sehr sonnige Lage.

Sie haben auch eine neue Astronomie begründet, da in der andern Halbkugel (der Welt) vom Aequator nach Süden zu ist im Hause der Sonne der Wassermann, in dem des Mondes der Steinbock u.s.w. und es sind alle Himmelszeichen und ihre Einflüsse im entgegengesetzten Sinne genommen, weil sie die Zeichen anders benennen und die Planeten sich anders gruppiren, als in unsern und in den Polargegenden.

Ich will nicht wiederholen, was ich von diesen Weisen über die Veränderungen der Apsiden, über Excentricitäten, über die Schiefe der Ekliptik, über die Aequinoctien, die Solstitien und die Pole, über die Verwirrung der Himmelszeichen, die im unermeßlichen Raume der Weltmaschine wirken, und über die mystischen Beziehungen der Dinge auf Erden zu den außerweltlichen, noch von der Umwälzung, die sich nach der großen Konjunktion des Widders und der Wage ereignen wird. – Aber jetzt bitte ich dich, mich nicht länger aufzuhalten. Ich habe noch gar viel zu thun und du weißt, wie sehr ich eilen muß. Ein andermal erzähle ich dir mehr davon.

Eins aber glaube ich noch erwähnen zu sollen, daß die Solarier an den freien Willen des Menschen glauben. Sie sagen, daß, wenn ein erhabener Philosoph vierzig Stunden von seinen Feinden grausamst gefoltert werden konnte, ohne daß es möglich war, ihm auch nur ein Wort von dem zu entreißen, was man aus seinem Munde vernehmen wollte und von ihm nicht das geringste Geständniß zu erpressen war, weil er sich einmal vorgenommen hatte, zu schweigen, so ist doch klar, daß uns die Sterne nicht gegen unsern Willen handeln zu machen im Stande sind, denn sie sind von unserer Erde so viel weiter entfernt, als die Dinge auf dieser, daher üben diese auch einen stärkeren Einfluß auf uns aus. Ja, der Mensch ist so frei, daß er sogar Gott lästern kann. Gott zwingt die Menschen doch nicht, gegen ihn zu sein. Kann sich Gott denn theilen?

Da die Sterne einen unmerklichen allmählichen Einfluß auf die Sinne ausüben, so werden jene Menschen, über die mehr die Sinne, als die Vernunft göttliche Gewalt haben, ganz besonders von ihnen beeinflußt.

Derselbe Gestirnstand, der dem aashaften Geiste der Ketzer stinkende Dünste entlockt, läßt zu gleicher Zeit süße Düfte der Tugend von den Gründern des Jesuitenordens, sowie der Minimen und Kapuzinern ausgehen. Und unter derselben Konstellation haben Columbus und Cortez die göttliche Religion Christi in der Neuen Welt verbreitet.

Ich werde Dir bei anderer Gelegenheit erzählen, was demnächst Alles in der Welt bevorsteht.

DER GROSSMEISTER. O erzähle mir doch wenigstens nur noch das Eine, wie die Solarier die Schiffe ohne Segel und Ruder in Bewegung setzen?

DER GENUESE. Ueber dem Hintertheil des Schiffes ist ein großer Fächer angebracht, der in eine Stange ausläuft, die auf der entgegengesetzten Seite durch ein angehängtes Gewicht im Gleichgewicht erhalten wird, so leicht beweglich, daß sie ein Kind heben und senken kann. Der ganze Mechanismus bewegt sich auf einer Achse, die von zwei Gabeln festgehalten wird. Uebrigens werden einige Fahrzeuge auch mittels zweier Räder in Bewegung gesetzt, die von Seilen gedreht werden, von einem großen Rade im Schiffsvordertheil ausgehend und die um die Räder des Hintertheiles des Schiffes sich kreuzend laufen. Das ohne Schwierigkeit in Bewegung zu setzende große Rad versetzt die im Wasser befindlichen Räder in Bewegung, sowie man es bei der Maschine sehen kann, mit welcher die kalabrischen Frauen den Flachs spinnen.

DER GROSSMEISTER. Warte, warte, nur noch einen Augenblick!

DER GENUESE. Unmöglich, unmöglich!

www.ingramcontent.com/pod-product-compliance
Lightning Source LLC
Chambersburg PA
CBHW051113160726
47998CB00026B/1215